1a. edición, junio 2003.
2a. edición, octubre 2004.
3a. edición, julio 2005.
4a. edición, febrero 2008.

©   *El Mensaje Oculto de los Sueños*

©   Derechos de edición y traducción cedidos por:
    Latinoamericana Editora S.A., Buenos Aires, Argentina.

©   2008, Grupo Editorial Tomo, S.A. de C.V.
    Nicolás San Juan 1043, Col. Del Valle
    03100 México, D.F.
    Tels. 5575-6615, 5575-8701 y 5575-0186
    Fax. 5575-6695
    http://www.grupotomo.com.mx
    ISBN: 970-666-739-3
    Miembro de la Cámara Nacional
    de la Industria Editorial No 2961

Diseño de Portada: Trilce Romero
Supervisor de producción: Leonardo Figueroa

Impreso en México - *Printed in Mexico*

EL MENSAJE OCULTO DE LOS SUEÑOS

VIAJE AL MUNDO DE LA NOCHE

Sueños. Desde los tiempos más remotos, sorprendieron a los hombres de las más diversas culturas y civilizaciones. Y hoy en día -a pesar de los avances que ha habido en las diferentes ciencias que de ellos se ocupan- continúan cubiertos por un cierto halo de misterio. En efecto, muchos son todavía los interrogantes que circulan en torno a la producción onírica. ¿Se trata de un fenómeno químico? ¿Es la manifestación de nuestro inconsciente? ¿Tienen validez las interpretaciones que de ellos puedan hacerse?

Para responder a estas y muchas otras preguntas con el objeto de acercar posibles respuestas a quienes desean indagar en el increíble mundo nocturno, hemos realizado este libro cuyo objeto es avanzar hacia la develación del mensaje oculto de los sueños. Porque conociendo cómo se gestan, qué tipos de sueños existen, de qué manera se sueña, cómo pueden interpretarse esas visiones de la noche y de qué forma manejarlas para beneficio propio, es posible lograr un conocimiento más profundo de nosotros mismos y así modificar aquello que nos daña en la vigilia o privilegiar nuestras virtudes con vistas a vivir mejor y alcanzar la anhelada felicidad.

Con ese objetivo, nos introducimos en los campos de la neurología y el psicoanálisis, las dos ciencias que más han prestado atención al fenómeno del soñar, para ver cómo se produce el sueño y qué función cumple en nuestra vida psíquica y física. Pero como más allá de las explicaciones científicas se encuentra la parapsicología, también indagamos en los sueños que contienen elementos paranormales relacionados con los fenómenos de telepatía, precognición o clarividencia, y asimismo en aquellos que se caracterizan porque el soñante se encuentra en un notable estado de lucidez o tiene experiencias extra corpóreas. Lejos de todos estos tipos de sueños, se encuentran además las pesadillas, más comunes de lo que todo el mundo cree, pero desconcertantes y misteriosas en cuanto a sus características y mensajes, ya que pueden revelar un gran estado de ansiedad o indicar la presencia inconsciente de un trauma del pasado que no logra ser asimilado por el individuo durante la vigilia.

Por otra parte, y como los sueños han sido objeto de las más variadas interpretaciones y han dado lugar a todo tipo de creencias, recorrimos senderos que nos condujeron a culturas en las que las experiencias oníricas tienen un carácter profético, adivinatorio y representan aventuras nocturnas del alma o mensajes de los dioses, por lo que son consideradas experiencias verdaderamente vividas. De ahí, nos trasladamos al maravilloso universo de la alquimia, a través de cuyos símbolos es posible también entender algunos motivos de los sueños.

Por último, y después de participar de todos estos conocimientos, ingresamos de lleno en el terreno de la interpretación de los sueños, tarea para la cual hay dos métodos principales: el psicoanálisis (inaugurado por Freud) y el método arquetípico de Carl Jung. Pero además de ello, existe una completa y efectiva técnica que nos permite estimular, recopilar y analizar nuestros propios sueños, para que -ayudados también por el diccionario de significados oníricos adjunto- los lectores puedan acceder con seguridad al mensaje de su inconsciente y utilizarlo en su beneficio.

EL CIRCULO HERMETICO

C A P I T U L O

1

EL ESTUDIO
CIENTIFICO DE LOS
SUEÑOS

En **La interpretación de los sueños**, tratado escrito en el año 1900, Sigmund Freud, el creador del psicoanálisis, postuló que los sueños son deseos reprimidos que provienen del inconsciente y que, censurados por la conciencia, adquieren forma onírica para poder "colarse" en ella. Los sueños constituyen entonces la manifestación palpable del inconsciente y son, por lo tanto, un camino para acceder a las zonas más oscuras y desconocidas de nuestra propia psiquis. Sin embargo, los electroencefalogramas han logrado captar la naturaleza física del sueño y hoy la teoría freudiana tiene serios refutadores.

¿Qué es un sueño? No es posible dar hoy una respuesta definitiva a esta pregunta. La neurología y el psicoanálisis son las dos ciencias que más han intentado explicar este fenómeno, pero se enfrentan al tratar de determinar qué produce el sueño y cuál es su función precisa en la vida psíquica y física del hombre. En este capítulo examinaremos las respuestas posibles que han dado los investigadores desde diferentes puntos de vista.

Soñar:
un fenómeno químico

El sueño se origina en el cerebro y es controlado por dos neurotransmisores cuya función es, respectivamente, "encenderlo" y "apagarlo". El proceso de encendido requiere de una sustancia química denominada acetylccholina, mientras que el proceso de apagado utiliza norepinephrine y serotonina para terminar. Estas dos últimas sustancias son necesarias, además, para "archivar" datos en la memoria de largo plazo, razón por la cual olvidamos la mayor parte de los sueños, ya que, suprimidas las sustancias por el despertar, nos vemos privados de la posibilidad de archivarlos.

En el Laboratorio de los Sueños de la Universidad de Pennsylvania se determinó que cuando el sueño es más profundo las ondas cerebrales adquieren un ritmo específico y ocurren los llamados REM (Rapid Eyes Movements). Estos períodos REM son conocidos también con el nombre de sueño paradójico, ya que cuando el cuerpo está más inactivo es cuando el cerebro tiene su mayor actividad. Si el acto se soñar se produce durante la fase REM, el ritmo de la respiración y del corazón se incrementan e ingresamos en un estado de parálisis temporal. Las neuronas congelan la actividad muscular para no permitirnos acciones ajenas al sueño.

Una experiencia realizada con gatos, a los que les fueron cortadas las terminaciones neuronales que inhiben el movimiento durante esta fase REM, demostró que éstos se movían libremente y que producían acciones ajenas al sueño. Muy poca es la gente que lleva a cabo actos ajenos al sueño durante la fase REM y esto constituye un desorden que suele ser tratado con una droga utilizada en casos de epilepsia.

La hipótesis "activación - síntesis"

Uno de los mayores opositores de la aproximación psicoanalítica al sueño es J. Allan Hobson, quien en 1988 publicó **El cerebro que sueña,** libro en el que sostiene que la mente es el cerebro, lo que equivale a decir que no existe actividad psíquica que pueda atribuirse a una entidad no física como el inconsciente, tal como fue postulado por Freud.

Hobson, en estrecha colaboración con Robert W. McCarley, elaboró la teoría de la activación-síntesis para explicar los sueños. Según él, durante la actividad onírica la red no recibe la información de los cinco sentidos, sino del cerebro mismo. Por ejemplo, si una neurona "se prende"en la zona que regula el equilibrio, la corteza cerebral producirá un sueño en el que por ejemplo sufriremos una caída. Del mismo modo, si el cerebro está confundido por la fase REM en que se produce una suerte de parálisis, podrá generar el sueño de que somos perseguidos o atacados y no podemos huir ni defendernos.

Esta hipótesis explicaría el carácter visual de los sueños, ya que son las células del centro visual las que se activan. Hobson cree, además, que el cerebro activa también el centro emocional, lo que explicaría la naturaleza emocional de los sueños.

El psiquiatra Ernest Hartmann es otro de los investigadores que considera que el sueño es una consecuencia directa de procesos cerebrales concretos. Sostiene que el alto nivel de dopamina presente en la fase REM es el causante de que al soñar se produzcan conductas instintivas, ya que esta sustancia energiza las neuronas.

Por otra parte, asegura que los patrones de organización del cerebro están genéticamente determinados, razón por la cual existen diferentes umbrales de sensibilidad al sueño. Las personas con propensión a las pesadillas, según Hartmann, pondrían en evidencia un umbral bajo determinado por una gran sensibilidad. Los artistas y creadores en general se contarían dentro de este grupo.

División del sueño en cuatro fases

En el sueño existen cuatro fases diferentes. Cuando recorremos el camino que va de la fase uno a la cuatro, las ondas de nuestro cerebro decrecen en frecuencia. Una vez en la fase cuatro (REM) que es la más intensa, tras un breve despertar que no solemos recordar, comenzamos a realizar otra vez el mismo proceso.

El estudio del fenómeno onírico considerado como una manifestación cerebral se inició en 1953, cuando fue descubierta la existencia de la etapa REM en la Universidad de Chicago.

Casi todos los mamíferos así como algunos pájaros y reptiles atraviesan la etapa REM. En los seres humanos el tiempo consagrado a ella va disminuyendo con la edad. Los embriones de treinta y tres semanas, por ejemplo, pasan casi todo su tiempo en la fase REM, mientras que los recién nacidos permanecen en ella aproximadamente ocho horas diarias, los niños, el 50 % del tiempo que duermen y los adultos sólo el 20 %. La mayor parte de los investigadores afirman que esto sucede porque la fase REM cumple un papel sustancial en los procesos de aprendizaje.

El investigador de los sueños William Dement descubrió que existe una conexión entre la forma de mover los ojos que caracteriza a la fase REM y el contenido de los sueños. Uno de los "soñantes" que se estudió para la investigación realizaba movimientos oculares verticales cuando tenía sueños relacionados con la marcha, (por ejemplo estaba en la cima de una escalera y debía bajarla, o se encontraba escalando una montaña), mientras que cuando realizaba movimientos oculares horizontales sus sueños no se vinculaban con el movimiento, ya que por ejemplo soñó con dos personas paradas que le daban tomates a una tercera. Otra comprobación fue que la gente que olvida más fácilmente sus sueños es aquella que tiene un mayor movimiento de ojos, es decir, una mayor actividad cerebral durante el sueño.

Mientras dormimos, atravesamos la fase REM cuatro o cinco veces con un intervalo de unos noventa minutos. Al cabo de la noche, los adultos empleamos unas dos horas en esta fase. Pero en las personas con algún desorden psicofísico estos tiempos pueden verse alterados. En quienes sufren depresión, por ejemplo, la primera fase REM se inicia antes (entre veinte y sesenta y cinco minutos luego de haberse dormido) y la última es más prolongada (dura entre veinte y treinta minutos, en lugar de cinco y diez). En esta fase, el movimiento de los ojos es más rápido que lo normal.

Ecos de la vida diurna

A pesar de la atención que las investigaciones acerca del sueño le prestan a la fase REM, también soñamos fuera de ella. Se trata de sueños más lógicos relacionados con algún acontecimiento de nuestra vida cotidiana, que se presentan en un estado intermedio entre la conciencia y la inconsciencia. Son predominantemente verbales y menos complejos que los generados en la fase REM. Generalmente son descriptos como pensamientos o preocupaciones, algo así como ecos de los acontecimientos de la jornada. Por ejemplo, si debemos comprar un regalo de cumpleaños es muy probable que en el sueño se presente alguna dramatización de este suceso: la persona nos agradece el regalo y nos dice que le gustó muchísimo o nos encontramos en una vidriera con el regalo ideal y nos disponemos a comprarlo.

La sensación que produce este tipo de sueños es similar a la que produce la meditación o el uso de algunas drogas psicotrópicas: algo sucede más allá del cuerpo y tenemos la sensación de flotar o de caer. Aunque predomina lo verbal, también lo visual es intenso. Algunas personas declaran que las visiones de este tipo de sueños permanecen aún después de haber abierto los ojos.

Dormimos para aprender

La mayor parte de los investigadores afirman que el acto onírico - por lo menos el que se produce dentro de la fase REM- tiene una función importantísima en los procesos de aprendizaje.

El científico Jonathan Winson, autor de **Cerebro y Psiquis**, asegura que el sueño ocurrido durante la mencionada fase permite incorporar y procesar los datos incorporados durante la jornada, mientras el cerebro está "desconectado".

El sexo influye en los sueños

El sueño no es ajeno a la identidad sexual. Las

producciones oníricas masculinas tienen por escenario el "afuera" de la casa, no su interior y, por lo general, alguien realiza una actividad física. Los hombres registran muy pocas veces los detalles y colores de la vestimenta.

En los sueños femeninos, por el contrario, predomina el detalle y las conductas agresivas tienden a ser verbales más que físicas. Los escenarios son siempre familiares y aluden al interior de la casa. Durante el embarazo, los sueños contienen un gran número de referencias a animales, agua, viviendas y madres.

De todos modos, como los roles sociales de hombres y mujeres están cambiando, los sueños también cambian y, cada vez con mayor frecuencia, las mujeres aparecen en ellos también como agresoras.

Las diferencias sexuales son también evidentes en los sueños de los niños. Mientras las niñas tienden a soñar con aquello que les provoca alegría o temor, los varones expresan más enojo. Los "sueños de miedo", como, por ejemplo, de miedo a los animales, son comunes en ambos, pero mientras las niñas suelen soñar con animales mamíferos, los varones rara vez sueñan con ellos. A los siete años los ladrones se convierten en protagonistas frecuentes de los sueños infantiles.

David Foulkes cree que los sueños de los niños se desarrollan en forma paralela a su inteligencia y sus habilidades motoras. Por eso, según afirma, antes de los siete años los sueños de los chicos son pasivos y ellos no son los protagonistas de los mismos. Los adultos, en cambio, protagonizan sus sueños el 95 % de las veces, mientras que sólo el 5 % son observadores pasivos. Antes de los cinco años, según este investigador, los sueños infantiles están constituidos por imágenes estáticas con poco contenido emocional y en ellos priman los animales y los temas referidos a la fatiga y al sueño.

Aun los niños más pequeños sueñan. Esto se refleja en ciertas conductas que tienen cuando están dormidos, como la risa y las expresiones de desagrado o perplejidad.

¿Sueñan los animales?

Por supuesto es muy difícil determinar qué sueñan los animales si es que en realidad lo hacen. Sin embargo, un experimento realizado con monos parece demostrar que también los animales sueñan. Durante cierto tiempo un grupo de monos fue adiestrado para presionar una tecla cada vez que veían determinadas escena en una pantalla estando despiertos. Se comprobó que, en determinadas oportunidades, estos monos presionaban la tecla estando dormidos, lo que permitía deducir que la misma imagen se les presentaba en sueños.

Color versus blanco y negro

Según el investigador Edwin Kahn, el color está presente en el 70 % de los sueños, pero este dato es generalmente ignorado en el relato de los sueños que se hace durante la vigilia. Esta es la razón por la cual en la mayor parte de las descripciones no hay una referencia al color.

Alteraciones durante
una depresión

En las personas deprimidas las fases del sueño están alteradas. El análisis del contenido demuestra que, además, estas personas recuerdan menos los sueños y aun cuando recuerden alguno lo hacen con poco detalle. Además, en sus sueños hay poca gente y, por lo general, las escenas tienden a situarse en el pasado.

Así sueñan los sordos
y los ciegos

El color es la presencia más intensa en los sueños de los sordos congénitos y este color es siempre brillante. En los que perdieron la audición algún tiempo después de su nacimiento, en cambio, el color es menos intenso.

No hay evidencia de que los ciegos de nacimiento vean imágenes en los sueños, sin embargo el movimiento de los ojos característico de la fase REM también está presente en ellos. Quienes han perdido la vista más tardíamente, en cambio, ven imágenes en sus sueños.

Está comprobado, en cambio, que los sonidos forman parte esencial de los sueños de los ciegos de nacimiento.

Sueños lúcidos

Un sueño lúcido es aquel en que el soñante tiene conciencia de estar soñando. El siguiente es un relato típico de esta experiencia:

Soñé que estaba caminando por la orilla del mar. Era por la mañana, el cielo estaba azul y tenía una sensación muy agradable. No sé cómo sucedía, pero alguien me decía que estaba soñando. Decidí prolongar el sueño y continué mi caminata; la escena era extraordinariamente vívida y clara. Era una experiencia de conciencia dual: podía sentirme a mí mismo acostado en la cama y caminando a la orilla del mar al mismo tiempo. Incluso podía ver los objetos de la habitación tanto como el escenario del sueño. Por momentos mi sueño desaparecía y yo continuaba caminando por la orilla del mar y me sentía libre y reconfortado.

Esta doble conciencia es característica de los sueños en que se flota o se vuela y en aquellos en los que hay experiencias extracorpóreas. Curiosamente, la parálisis asociada a la fase REM es más intensa durante este tipo de sueños. La persona que se siente flotar o volar está físicamente más paralizada que aquella que sueña un sueño no lúcido.

Aunque los sueños lúcidos son escasos, hay gente que tiene propensión a ellos. Están estrechamente asociados con la meditación, ya que en ambos estados se registran el mismo tipo de ondas alfa. Quienes meditan tienen mayor cantidad de sueños lúcidos que quienes no lo hacen, sobre todo si la meditación constituye en ellos una práctica habitual. Aunque, por lo general, los sueños lúcidos son bastante realistas, los de quienes practican meditación suelen incluir luces blancas, experiencias de vuelo y de levitación y encuentros con seres espirituales. Muchos soñadores lúcidos, incluso, experimentan lo que se llama "falsa vigilia", es decir, sueñan que están despiertos.

Algunos investigadores del sueño y algunos terapeutas han comprobado que la habilidad para tener sueños lúcidos y controlar su contenido es un talento que puede ser desarrollado y resultar de gran utilidad para las víctimas de pesadillas. En la Universidad de Stanford se llevó a cabo un experimento que prueba que los sueños lúcidos pueden ser inducidos. Un grupo de personas llevaba un tipo de máscara especial que detectaba el momento que entraban en la fase REM y que, simultáneamente, prendía una luz roja. Aunque dormidos, los soñantes veían la luz y adquirían conciencia de estar soñando.

CAPITULO

2

SUEÑOS Y FENOMENOS PARANORMALES

Todos los sueños transmiten mensajes inconscientes que pretenden acceder a la conciencia. En algunas oportunidades, un sueño inusual puede contener elementos paranormales, como telepatía, precognición o clarividencia. Otros sueños inusuales, en cambio, están caracterizados por un estado extremo de lucidez y por experiencias extra corpóreas. Las investigaciones han demostrado que algunos de estos sueños no son meros productos caprichosos de la imaginación, sino que están vinculados con realidades alternativas.

Algo más sobre los sueños lúcidos

Un sueño lúcido es aquel en el que existe una conciencia de estar soñando y, por lo tanto, es posible controlar lo que sucede. La expresión sueño lúcido fue acuñada por un famoso y prolífico soñante que podía recordar alrededor de 500 sueños, 352 de los cuales eran sueños del tipo descripto. He aquí un ejemplo.

El 9 de Setiembre de 1904 Frederick van Eaden soñó que estaba sentado a la mesa cerca de la ventana. Sobre la mesa había varios objetos. El estaba perfectamente consciente de que estaba soñando y consideró los experimentos que podría hacer con los objetos. Comenzó tratando de romper un vaso golpeándolo con una piedra, pero no logró su propósito. Probó entonces con el puño cerrado ensayando todo tipo de maniobras posibles, como si estuviera realizando el acto perfectamente despierto. A pesar de no poder romperlo, cuando dejó de intentarlo pudo comprobar que el vaso estaba roto y lo arrojó por la ventana escuchando claramente el ruido que hacían los fragmentos de vidrio al estrellarse contra el piso. Entonces vio que dos perros merodeaban en torno a los vidrios caídos. Sobre la mesa había una botella de vino y él decidió probarlo, sintiendo claramente el sabor del alcohol en su garganta.

Según Van Eaden, la iniciación de estos sueños estaba precedida por la sensación de volar o de flotar. Algunas veces se veía a sí mismo flotando sobre amplios espacios, otras, en cambio, se veía sobre una catedral, volando sobre la inmensa construcción a una velocidad que le producía terror.

Los sueños lúcidos constituyen una instancia diferente del sueño "normal". En ellos, alguna circunstancia inusual hace que el soñante tome conciencia de que está soñando. Un soñador lúcido frecuente, Oliver Fox, señaló que en sus sueños lúcidos atravesaba cuatro estadios de conciencia diferentes. Si soñaba, por ejemplo, con una mujer que tenía cuatro ojos, en la primera fase del sueño percibía su imagen como algo "natural". En la segunda fase, podía percibir su "anormalidad" pero era incapaz de atribuirle un significado preciso a esa particularidad anatómica. Sólo en una tercera etapa era capaz de percibir que el hecho de que la mujer soñada tuviera cuatro ojos tenía algún significado. En la cuarta etapa, por fin, esa anomalía anatómica se le presentaba como un "dato" que debía analizar y del que debía sacar conclusiones: si aquella mujer tenía cuatro ojos cuando todos los humanos tienen dos, aquello significaba algo, a saber, que el contexto en que aparecía esa mujer era un sueño.

La parapsicóloga Celia Green designa "sueños pre-lúcidos" a aquellos en los cuales el soñante adopta una actitud crítica hacia lo que está experimentando hasta el punto de preguntarse a sí mismo: ¿Estoy soñando? Pero, a diferencia de lo que sucede en los sueños lúcidos, en los sueños pre-lúcidos es imposible encontrar una respuesta definitiva para esta pregunta.

Según esta especialista, la conciencia de que se está protagonizando un sueño puede adquirirse de tres modos diferentes:

a) a través de una situación de estrés durante el

sueño o de una pesadilla;

      b) a través del recuerdo de alguna técnica de introspección;

      c) a través del reconocimiento espontáneo de que la experiencia que se está viviendo tiene un carácter diferente de las experiencias de la vigilia. Esta última es la forma de percepción más frecuente.

Aunque el libro de Green, **Sueños lúcidos** (1968), es el primer estudio general del fenómeno, éste es conocido desde la antigüedad. Aristóteles alude a él cuando escribe: Frecuentemente, cuando dormimos, hay algo en la conciencia que nos dice que aquella experiencia que protagonizamos es un sueño. Existen también algunos antiguos textos tibetanos que se refieren a sueños lúcidos. La enseñanza acerca de los sueños lúcidos era uno de los seis tópicos atribuidos al maestro hindú Naropa, quien vivió en el siglo X o XI (d.C.). Entre sus discípulos se contaba el tibetano Iama Marpa y fue con él con quien abordó el estudio de los textos tibetanos y su posterior transmisión. Las enseñanzas que ambos impartieron no estaban destinadas a novicios, sino a monjes avanzados y ellas consistían fundamentalmente en instrucciones sobre cómo inducir sueños lúcidos y cómo cambiar los hechos que en ellos se sucedieran. Ambos maestros suponían que la habilidad para cambiar estos acontecimientos ayudaba al soñante a comprender la naturaleza ilusoria de la realidad y este conocimiento contribuía a su paz espiritual y lo acercaba al Nirvana.

Hasta hace pocos años el conocimiento científico de los sueños lúcidos se basaba en la acumulación de relatos de sueños de este tipo que los psicólogos no dudaban en clasificar como fenómenos paranormales o en despreciar considerándolos burdas supersticiones. Fue en 1970, con la investigación iniciada por el psicólogo Stephen La Berge, que los sueños lúcidos pasaron a ser estudiados en el laboratorio.

Los experimentos de La Berge fueron posibles

en la medida en que comenzaron a asociarse las producciones oníricas con la fase REM del sueño y que se desarrollaron técnicas que permitían monitorizar cada una de sus fases. Durante la fase REM los ojos parpadean significativamente, constituyendo la única parte del cuerpo que queda excluida de la parálisis general del cuerpo. Este hecho permitió deducir a La Berge que existía la posibilidad de que el movimiento de parpadeo respondiera a diferentes patrones, de acuerdo con el tipo de producción onírica que se estuviera gestando y que, en consecuencia, al sueño lúcido podría corresponderle un tipo especial de patrón de movimiento. Su suposición fue corroborada por los experimentos, abriéndose así el camino para nuevas investigaciones. Otra de las comprobaciones importantes que se realizaron es que el *"tiempo"* de los sueños lúcidos es el mismo que el de la vida real, es decir que los eventos que se producen durante el sueño duran tanto como durarían en la vigilia.

Los sueños lúcidos difieren de los comunes en varios aspectos. Por ejemplo, son más realistas, pero los investigadores no se conformaron con estas comprobaciones y trataron de relacionar el sueño con las señales exteriores del cuerpo. Los resultados fueron sorprendentes. Debido al carácter "realista" de los sueños lúcidos, el cuerpo refleja la experiencia onírica como si fuera real. Así, si alguien sueña que está soñando que corre, su respiración se acelerará tanto como la de un corredor. Del mismo modo, si sueña que está soñando que hace un calor excesivo, transpirará en relación con la marca barométrica de su sueño.

Las comprobaciones más espectaculares se lograron en el área sexual. En una soñante lúcida que soñó que mantenía una relación íntima fue posible detectar que la humedad de su vagina, así como el nivel de sangre que afluía a la misma eran los mismos alcanzados en idénticas circunstancias durante la vigilia. Del mismo modo, con los soñantes masculinos se comprobó que las erecciones que constituyen una reacción normal durante la fase REM del sueño eran mucho más intensas y sostenidas durante un sueño lúcido en el que hubiera actividad sexual por parte del soñante.

Sueños lúcidos y experiencias extra corporeas

Aunque existe una estrecha conexión entre sueño lúcido y experiencia extra corpórea, una experiencia difiere de la otra. Oliver Fox señala que un sueño lúcido es un sueño de conocimiento, precisamente porque mediante él se obtiene la información de que se está soñando. Cuando comenzaron a hacerse las primeras investigaciones referidas a experiencias extra corpóreas, se creyó que el sueño lúcido era la antesala obligatoria de estas experiencias. Si el "sueño de conocimiento" se prolongaba, era inevitable que sobreviniera una experiencia extracorpórea o, para decirlo con mayor propiedad, una experiencia del cuerpo astral.

Para Celia Green no es posible comprender los sueños lúcidos sin relacionarlos con las experiencias extra corpóreas ya que son "filosóficamente indiferenciables". Las dos clases de sueños se caracterizan por el hecho de que existe un sujeto que tiene un amplio campo de percepciones y que, al mismo tiempo, es capaz de reconocer que su estado difiere del de la vigilia. Sin embargo, existen ciertas diferencias entre uno y otro fenómeno. Las experiencias extra corpóreas (EEC) sobrevienen, sobre todo, cuando la persona está más cerca del estado de vigilia que del sueño y por esta razón el mundo es percibido de forma más realista aún que en los sueños lúcidos. Por lo general, en las EEC aparecen representaciones de la vida diurna, mientras que en los sueños lúcidos es común que se presenten elementos simbólicos o fantásticos. Además, durante las EEC se tiene un mayor control de los sucesos y el soñante puede llegar a experimentar la sensación de que no tiene cuerpo en absoluto.

Por su parte, el psicólogo Harvey Irwin, después de una meticulosa comparación entre ambas producciones oníricas, llegó a la conclusión de que se trata de estados distintos tanto neurológica como fenomenológicamente. De acuerdo con los múltiples relatos que recogió y las experiencias de laboratorio que efectuó, durante los sueños lúcidos las conciencia permanece en el cuerpo y simplemente imagina diversos eventos. Durante la EEC, en cambio, la conciencia se separa del cuerpo. Esta teoría no tiene demasiada aceptación entre los investigadores. Para La Berge, por ejemplo, las EEC son, simplemente, una variedad de los sueños lúcidos. La parapsicóloga Susan Blakmore, por su parte, prefiere interpretar las EEC como fenómenos psicológicos relacionados con los sueños lúcidos.

Sueños compartidos

Según el investigador Herbert Greenhouse, hay cientos, posiblemente miles de casos de sueños compartidos. Se trata de sueños experimentados en la misma noche -quizás en el mismo momento- por dos o más personas diferentes.

El mencionado investigador describe el caso de un hombre que soñó que era asesinado en las calles de Nueva York por otro hombre que blandía un hacha. Mientras que con una mano lo sostenía con la otra manejaba el arma. Se escuchaban los gritos de sus amigos que corrían en su ayuda, pero antes de que pudieran acercarse a él, el atacante tenía oportunidad de clavarle el hacha y luego de su herida comenzaba a manar abundante sangre. Al día siguiente un amigo le relató que había soñado que escuchaba sus gritos de angustia y que había corrido para socorrerlo, pero que había llegado tarde, porque lo había encontrado con un hacha clavada en la cabeza. A la semana siguiente, otro amigo le refirió algo similar. Afortunadamente, este sueño no se convirtió en realidad.

El psicólogo David Ryback sostiene que los sueños compartidos son más comunes de lo que se cree, pero no todos son de la misma clase. Mientras algunos son "psíquicos", como es el caso del hombre que era asesinado con hacha, otros tienen carácter telepático, clarividente o precognitivo. El especialista menciona al respecto el caso de un sueño compartido que se convirtió en realidad. Una mujer y su esposo soñaron la misma noche que el avión que abordaban, una vez que lograba ganar altura, se precipitaba a tierra. A la semana siguiente, en efecto, el avión que abordaron se estrelló. Por suerte, ellos no habían embarcado.

En la mayor parte de los casos los sueños compartidos se dan entre soñantes que tienen una estrecha relación entre sí, por lo general en parejas que comparten la misma cama. Pero la proximidad física es menos importante que la conexión psicológica y emocional entre ambos soñantes. Ryback describe el caso de sueños compartidos entre soñantes que se encontraban muy distantes uno de otro. Una mujer soñó que un amigo de su marido que se encontraba en Australia iba a visitarlos a Atlanta sólo por dos días, ya que al llegar manifestaba su propósito de regresar. La mujer estaba tan convencida de que lo que había soñado era verdad que por la mañana le dijo a su marido que le insistiera a su amigo para que se quedara. Su marido se rió y le dijo que había soñado que su amigo seguía en Australia y que nunca había ido a visitarlos. A los pocos días recibieron una carta de Australia. El amigo les informaba que había tenido un sueño muy extraño: había soñado que había viajado a Atlanta sólo por dos días, ya que en cuanto había llegado y los había visto había experimentado la necesidad de volver a su casa.

Este sueño compartido se dio de manera espontánea, pero hay gente que puede planearlos e inducirlos.

El investigador Oliver Fox se encontraba cierta mañana conversando con dos amigos sobre el tema de los sueños. Antes de partir acordaron concentrarse para soñar con un lugar muy conocido por los tres. Fox y uno de sus amigos soñaron con el lugar establecido y hasta tuvieron conciencia de que estaban soñando con él, pero percibieron la "ausencia" del tercer amigo durante el sueño. Durante el estado de vigilia pudieron comprobar, en efecto, que los dos habían logrado soñar con el lugar establecido y habían comentado en el sueño la ausencia del tercero.

Los sueños compartidos aún no han sido estudiados en relación con los sueños lúcidos y las experiencias extra corpóreas, pero es evidente que existe una estrecha relación entre ellos. El hecho de que diferentes soñantes intervengan en una misma situación sin que la experiencia sea necesariamente idéntica sugiere que alguna parte de ellos -posiblemente sus cuerpos astrales- se han encontrado en un mismo lugar.

Sueños telepáticos

Los sueños compartidos no son los únicos que contienen mensajes sobre el futuro o que permiten establecer una estrecha conexión con otra persona. El sueño en general es un momento de gran relajación y por eso es que facilita la conexión física entre diferentes personas.

Los sueños extrasensoriales (SE) forman un segmento importante de las experiencias extrasensoriales (EE) en general. De 7.000 casos de EE recogidas en los Estados Unidos, por lo menos 200 ó 300 ocurrieron en sueños, La proporción observada es similar en Alemania, Inglaterra y otros países europeos.

La investigadora Louise Rhine realizó un meticuloso estudio de las experiencias extrasensoriales espontáneas. Analizando los casos descritos en las cartas enviadas al laboratorio, llegó a la conclusión de que aproximadamente el 40% de EE "contemporáneas"(telepatía o clarividencia) ocurría en los sueños e identificó las cuatro formas fundamentales que adquirirían estos sueños, a saber:

a) Sueños realistas, representaciones casi fotográficas de la realidad.

b) Dramatizaciones de experiencias reales que pueden contener algún elemento fantasioso, aunque el mensaje que se deduce del sueño es siempre cierto.

c) Sueños poco realistas y muy imaginativos.

d) Sueños simbólicos.

Basándose en su estudio de los SE como en otras experiencias extrasensoriales, Rhine describió la representación de las EE en la conciencia como un proceso en dos niveles. En el primero la información es recibida y completada por la conciencia; en el segundo, la información ya completa es presentada ante la conciencia y es en este momento en que puede volverse "oscura" y requerir de una interpretación.

La especialista cree que la persona que tiene una experiencia extrasensorial es la única responsable de ella y ésta se presenta a su destinatario de manera directa, sin ningún tipo de mediación. Varios investigadores refutan esta teoría y aducen que harían falta muchas más pruebas que las presentadas por Rhine para sostenerla adecuadamente. Lo cierto es que un caso relatado por la investigadora parece contradecir su propia teoría. En el siglo pasado, cuando las comunicaciones telefónicas eran menos frecuentes y más difíciles que hoy en día, una mujer que había ido a visitar a su hermana en San Luis olvidó avisar antes de salir a su esposo, que estaba en Indianápolis, que llegaría de Saint Louis a las 14 hs. Como no le quedaba otro remedio, durante el viaje trató de establecer una comunicación telepática con su esposo, diciendo para sí misma como si fuera un telegrama, *Llego en el tren de las dos, espérame en la estación*. Cuando bajó del tren, su marido la estaba esperando en el andén. Sin embargo, su mensaje no había sido recibido tal como ella lo había enviado. Su marido no recibió su "telegrama mental", sino que sintió que ella llegaría y llamó por teléfono a la estación para saber a qué hora llegaba el tren proveniente de Saint Louis.

El psiquiatra Ian Stevenson, uno de los críticos más severos de Rhine, hizo un estudio de casos telepatía y estableció que la señal telepática llega en forma de impresión o intuición más que como una imagen o una idea concreta. Quien envía el mensaje telepático se llama *emisor*; quien lo recibe, *receptor*. Según Rhine, en los mensajes telepáticos el receptor es la única parte activa, pero esta aseveración tampoco es aceptada por todos los investigadores, muchos de los cuales sostienen que también el agente cumple un rol importante en la comunicación, aun cuando no tenga la intención consciente y manifiesta de enviar un mensaje.

Si bien Freud fue en un principio escéptico y dudó de la validez de la telepatía, en un segundo momento se dejó fascinar por el tema. Habiendo percibido la importancia psicoanalítica de la telepatía, estaba dispuesto a considerar el psicoanálisis como una investigación parapsicológica, pero su amigo Ernest Jones lo persuadió de que no lo hiciera. En aquella época -entorno a 1920- las ideas psicoanalíticas no gozaban de la aceptación que tienen hoy en día y Jones temía que la asociación entre psicoanálisis y fenómenos extrasensoriales redujera aún más las oportunidades de la nueva disciplina de ser tomada con seriedad científica.

Freud describió un caso en que un hombre soñó que su segunda esposa tenía mellizos precisamente la noche anterior de que la hija de su primer matrimonio diera a luz mellizos. Su hija vivía en una ciudad lejana y le había enviado un telegrama precisamente en la noche del sueño. El padre del psicoanálisis interpretaba el "error" del sueño -soñar que era la esposa y no la hija la que tenía mellizos- como un deseo reprimido de que su esposa se transformara en la hija de su primer matrimonio. En este sentido, el sueño cumplía la función que para Freud cumplen todos los sueños, la de realizar un deseo reprimido, pero, además, el material onírico no estaba constituido por el "resto diurno", es decir las experiencias vividas durante el día, sino por información telepática. El análisis psicoanalítico del sueño -llegó a admitir Sigmund Freud- era el que le había permitido percibir la naturaleza paranormal del mismo.

Sueños Precognitivos

La precognición, como la telepatía, pueden ocurrir tanto en estado de vigilia como durante el sueño, pero la precognición ocurre en el sueño con más frecuencia que la telepatía. Según los estudios realizados, aproximadamente el 75 % de las precogniciones tienen lugar durante el sueño y sólo el 25 % restante durante la vigilia.

Los sueños precognitivos pueden referir sucesos triviales de la vida del soñante, pero muchos de ellos aluden a episodios traumáticos o a verdaderos desastres. Ian Stevenson recolectó relatos de experiencias precognitivas relacionadas con el hundimiento del Titanic en 1912. Nueve de cada diez de esas experiencias habían tenido lugar durante el sueño.

Ante la evidencia de que las precogniciones referidas a desastres son comunes, el Psiquiatra J.C. Barker trató de rastrear experiencias precognitivas relacionadas con la explosión del volcán en la ciudad de Aberfan, Wales, en 1966 que mató a 144 personas, la mayor parte de las cuales eran niños de una escuela. De los 60 testimonios que pudo recoger, 25 correspondían a experiencias precognitivas ocurridas durante el sueño. La mayor parte de los soñantes eran personas que vivían a cierta distancia del lugar y que no tenían una conexión directa con él, excepto una de las víctimas, una niña que en la mañana del desastre le había contado a su madre que había soñado que sobre la escuela caía algo negro que terminaba por cubrirla.

¿Cómo se explican este tipo de experiencias? Para Frank Podmore, miembro de la Sociedad de Investigaciones Físicas, todas las aparentes precogniciones pueden ser explicadas como fenómenos telepáticos. Otros investigadores, escépticos sobre la posibilidad de conocer el futuro, las explican como fenómenos de psicokinesis: el soñante incorpora inconscientemente datos de la realidad y luego los conforma y ordena en un sueño.

J.W. Dunne, por su parte, sugiere que es relativamente fácil percibir el futuro como pasado y, basándose en el concepto de Freud "resto diurno", se refiere a la existencia de "restos de futuro" que constituirían el material fundamental de los sueños precognitivos.

La parapsicóloga Nancy Sondow recolectó 943 de sus propios sueños, ocurridos en un período de 15 meses. A 96 de estos sueños los consideró precognitivos, porque anunciaban eventos inesperados. Más de la mitad de los sucesos anunciados ocurrieron el mismo día del sueño. El resto se fue cumpliendo de manera irregular a lo largo del tiempo. La especialista pudo comprobar que la exactitud con que se cumplen las precogniciones va disminuyendo en proporción directa con el tiempo que pasa entre éstas y el evento anunciado. Cuanto mayor es el tiempo, menor es la correspondencia entre una cosa y otra.

En algunos casos, el soñante puede evitar la situación negativa anunciada en el sueño tomando las precauciones necesarias. Esta es la razón por la cual muchas precogniciones no se realizan, sin dejar por ello de ser precogniciones. En el siglo XIX un hombre se salvó de morir en el hotel en que dormía porque soñó que éste se incendiaba y lo abandonó antes de que ocurriera el hecho. Una historia más reciente da cuenta del sueño de una mujer que pudo ver claramente que su hijo de veinte meses caía por la ventana. Se despertó angustiada y corrió a la habitación del niño y comprobó que éste dormía tranquilamente y que no había ningún peligro inminente. Pero algunas semanas más tarde, mientras lo estaba cambiando, abandonó la habitación en busca de ropa y al volver lo encontró asomado en la exacta posición en que lo había visto en el sueño. Alertada por el anuncio, su reacción fue tan rápida que pudo sujetarlo de inmediato y evitar su caída.

Los especialistas afirman que las precogniciones son funcionales, es decir, tienen un valor práctico: el de que los sucesos desgraciados que anuncian puedan ser evitados. Sin embargo, el hecho de que no siempre sea posible evitarlos parecería desmentir esta afirmación. Pero la funcionalidad de los sueños precognitivos persiste aun cuando la precognición desgraciada se cumpla. La mayor parte de los investigadores coincide en afirmar que el anuncio tiene también la función de preparar espiritualmente a la persona que va a sufrir un suceso desgraciado e inevitable.

Soñar con vidas pasadas

En **Memorias, Sueños, Reflexiones** (1961), el psicólogo Carl Jung escribió acerca de una serie de sueños propios que parecían describir la reencarnación de un amigo suyo. *Después de esta experiencia -afirmó Jung- debo confesar que comencé a ver el problema de la reencarnación con diferentes ojos y me mantengo en la posición de que es imposible dar una opinión definitiva al respecto.* La impresión que causa el citado párrafo es la de que ha recibido un "sueño de anuncio", es decir ese tipo de sueño en que alguien muerto anuncia su intención de reencarnarse en otra persona.

Mucha gente tiene memoria de vidas anteriores. Ian Stevenson describió numerosos casos, en su mayor parte de niños, que aseguraban tener memoria de otras vidas y que eran capaces de contar muchos detalles acerca de ellas. Los niños recuerdan sus vidas pasadas sobre todo en estado de vigilia, mientras que los adultos lo hacen en sus sueños.

El instructor de meditación Frederick Lenz recolectó 127 casos de memorias de reencarnación en adultos, noventa de los cuales pertenecían a soñantes. Su conclusión fue que estos "sueños de remembraza" difieren de los sueños ordinarios en cuatro puntos fundamentales:

1 - Los sueños de remembranza están acompañados por sensaciones completamente distintas que las de otros sueños.

2- Los soñantes tienen conciencia de estar viendo una o más de sus vidas pasadas.

3- A diferencia del resto de los sueños que suelen olvidarse luego de unos cuantos días, los sueños de remembranza son tan vívidos que no se olvidan jamás y pueden ser recordados hasta en sus menores detalles.

4- Luego de haber tenido un sueño de este tipo, la actitud del soñante ante la muerte cambia de manera radical.

En algunos sueños referidos a vidas pasadas falta esa "veracidad" que los parapsicólogos identifican como una característica distintiva de los eventos paranormales. Hans Holzer, quien se ha ocupado especialmente de los sueños de reencarnación, sostiene que incluso cuando éstos sean realistas, tienen siempre un carácter fragmentario y escurridizo y dejan al soñante con la frustración de no haber podido saber algo más de su pasado. Según este especialista, además, los sueños de remembranza tienen carácter serial, es decir, se repiten a intervalos más o menos regulares. Sólo en algunas ocasiones esta repetición se da de manera parcial.

El investigador mencionado apunta a modo de ejemplo de "sueño de remembranza" la experiencia onírica de una mujer que noche a noche se veía a sí misma cruzar un puente muy angosto, sin llegar jamás al otro lado. Al mismo tiempo, experimentaba la angustiosa sensación de que si caía desde esa altura, moriría inexorablemente. Tenía la sensación de haber estado muchas veces en ese lugar, pero no podía identificarlo. Por fin, en un libro tuvo la oportunidad de ver un dibujo del puente de su sueño. Se trataba de la construcción preparatoria del puente de Brooklyn y pertenecía al año 1870. La mujer terminó de comprender que estaba recordando una vida pasada y una vez que adquirió esta certeza, dejó de soñar.

3

PESADILLAS :
EL TERROR ANTE
LO DESCONOCIDO

Las pesadillas son tal vez la faceta más desconcertante y misteriosa de la experiencia onírica. En líneas generales suelen revelar un gran estado de ansiedad o la revisión inconsciente de un trauma pasado que no logra ser asimilado por el individuo durante la vigilia.

Las pesadillas son más frecuentes de lo que suele creerse. Aunque existe un cierto número de personas que por su estado mental y emocional sufren de pesadillas crónicas, los sueños terroríficos son comunes a todos, incluso a los seres emocionalmente más equilibrados.

La experiencia onírica en sí misma puede diferir de individuo a individuo tanto en los temas que producen horror, como en la intensidad de este sentimiento. Para algunos la pesadilla puede ser recordada simplemente como un mal sueño, mientras que para otros el terror puede resultar una experiencia insoportable, hasta llegar a provocarles insomnio antes que correr el riesgo de volver a soñar lo mismo.

Tanto los hombres como las mujeres y los niños pueden tener pesadillas, ya que éstas no hacen diferencias entre los sexos.

El significado de las pesadillas está relacionado con la cultura. Mientras que para los occidentales no se trata nada más que de malos sueños, para otro tipo de pueblos puede significar el anuncio de sucesos futuros negativos. Las sociedades primitivas creían que se trataba de la visita nocturna de los malos espíritus.

Algunas teorías pretenden encontrar una causa de orden físico para las pesadillas: sostienen que el estómago demasiado lleno a la hora de dormir podría restringir la circulación de la sangre incidiendo negativamente sobre los sueños. Otras, en cambio, señalan la irritación del sistema nervioso producida por el exceso de comida como la causa más directa.

Mientras hoy la mayor parte de los investigadores coincide en afirmar que las pesadillas responden a causas de orden psicológico, existe también una amplia evidencia de que están ligadas a otros factores, como en el caso de consumo de medicamentos. Por ejemplos, los tratamientos utilizados en la hipertensión, para tratar problemas del corazón y mal de Parkinson, tienen la cualidad de producir malos sueños. Del mismo modo, también sufren pesadillas las personas que tienen fiebre alta o han sido sometidas a intervenciones quirúrgicas. Incluso el exceso de proteínas contenidas en ciertos alimentos, como los huevos y la carne, puede considerarse como una causa frecuente.

En los comienzos de este siglo los investigadores comenzaron a intentar explicar las pesadillas mediante teorías psicológicas. Sigmund Freud, para quien el sueño era una expresión de deseos inconscientes, la pesadilla expresaba un conflicto psíquico intenso que pujaba por salir a la luz pero que la conciencia interpretaba como una amenaza para su equilibrio.

Ernest Jones, colega de Freud, enunció tres rasgos distintivos de la pesadilla:

1) Sentimiento de agonía.

2) Sentimiento de opresión.

3) Sentimiento de parálisis.

Jones sostuvo que las pesadillas son el resultado de deseos sexuales reprimidos y las peores se deben a deseos incestuosos. Sus estudios, como los de sus seguidores, constituyeron un valioso aporte para la comprensión de las etapas del sueño. A partir de sus investigaciones fue posible identificar una gran variedad de causas psicológicas y fisiológicas relacionadas con la experiencia de la pesadilla.

Los investigadores creen que las mayor parte

de las pesadillas se producen durante la fase REM del sueño. Por comparación, los sueños producidos fuera de ella parecen estar más relacionados con eventos ordinarios de la vida cotidiana. El hecho de que mucha gente se sienta paralizada durante las pesadilla obedecería, precisamente, al hecho de que éstas se producen durante la fase REM.

Los niños
y las pesadillas

Muchos investigadores afirman que las pesadillas no afectan a los niños hasta los cinco años, mientras otros aseguran que éstas pueden aparecer ya al año de vida.

En las pesadillas infantiles generalmente el niño se encuentra con gente desconocida, monstruos y animales. Se cree que tales pesadillas responden a la ansiedad producida por el mundo de la vigilia, un mundo que ellos aún no han explorado demasiado. El niño manifiesta sus temores en forma de sueños en los que es golpeado, devorado o muerto.

Lo que hace que las pesadillas resulten tan traumáticas para los más pequeños, especialmente para los que tienen menos de cinco años, es su imposibilidad de articularlas en palabras para contarles a los padres lo sucedido. La imposibilidad de discriminar que el suceso vivido no es real agrega una cuota extra de terror a la experiencia.

Cuando los niños comienzan a ser capaces de explicar sus malos sueños tienen la posibilidad de minimizarlos gracias al consuelo que pueden brindarles los padres. A la edad de siete años aproximadamente, un niño ya está en condiciones de reconocer que las malas experiencias vividas durante la noche tiene carácter onírico, es decir, "irreal".

Adultos con sueños aterradores

La ansiedad ocasiona pesadillas no sólo en los niños, sino también en los adultos. Se presentan simultáneamente con las situaciones de peligro que deben atravesar los seres humanos a lo largo de su existencia. En la infancia se deben al miedo a lo desconocido, el abandono por parte de los adultos y el castigo físico, culminando con la angustia ante la muerte en la edad adulta.

Las pesadillas constituyen una especie de prototipo de las actividades que caracterizan cada etapa del desarrollo. Por eso, no es extraño que se den en mayor proporción cuando un individuo se halla ante un examen, un cambio de trabajo o el fin de una relación afectiva, situaciones en que la ansiedad aumenta y se tiene la sensación de que algo en la vida está 'fuera de control'.

Las pesadillas reflejan este sentimiento de inseguridad, siendo habituales escenas en que el soñante se convierte en víctima de circunstancias que no puede manejar, de situaciones externas que le producen terror. Cuando el estrés disminuye, las pesadillas también lo hacen. Algunos experimentos de laboratorio demuestran que aún en quienes padecen pesadillas habituales, éstas disminuyen cuando la predisposición anímica mejora.

Existen personas que sufren de pesadillas crónicas. Ernest Hartmann, autor de **Las pesadillas** (1984), asegura que se trata de individuos muy sensibles que, incapacitados para tomar una postura defensiva ante los sucesos de la vida, se sienten excesivamente vulnerables. Por esta razón sueñan constantemente que son atacados, golpeados o mutilados. Puede decirse que estas personas tienen un umbral bajo o débil de resistencia a los problemas cotidianos.

El significado
de las pesadillas
más habituales

Ciertos escenarios y situaciones aterradoras son bastante frecuentes, el significado de las mismas es el siguiente.

Caída:

Soñar que uno cae denota temor de fallar en algún asunto muy importante y pone en evidencia un gran nivel de ansiedad por algo que está fuera de control.

Desnudez:

Los sueños en que el soñante se encuentra desnudo frente a otras personas en una situación particularmente incómoda o embarazosa y obedecen a conflictos para los que no se encuentra una solución adecuada.

Ascenso:

Soñar que se asciende, pero que no se está en ningún lugar preciso, resulta relativamente común en quienes están progresando en la vida pero no se sienten preparados para ello.

Perder los dientes:

Este sueño denota un fuerte sentimiento de inseguridad.

Perder autobuses, aviones o trenes:

No llegar a tiempo para abordar alguno de estos medios de transporte es la expresión de un sentimiento de culpa por no haber resuelto a tiempo algún conflicto de nuestra vida.

Pesadillas
predictivas

Las pesadillas predictivas se dan tanto en hombres como en mujeres. Son diferentes de las pesadillas típicas en que el soñante no es en ellas el protagonista, sino el observador, el testigo.

Algunos hechos históricos han sido percibidos con anterioridad a través de los sueños, como el asesinato del Archiduque de Hungría, que desencadenó la Primera Guerra Mundial, y el hundimiento del Titanic.

Es difícil determinar la relación que debe existir entre un sueño y un evento posterior para que pueda considerarse que el sueño es una predicción del hecho. los investigadores del tema proponen los siguientes parámetros:

- El soñante debe compartir su predicción con otras personas antes de que suceda el hecho que predice.

- El tiempo que medie entre el sueño y el suceso debe ser breve.

- El sueño debe ser literal y no simbólico respecto de lo que va a ocurrir.

- El hecho que predice debe ser extraordinario, es decir, no habitual ni previsible.

CAPITULO

4

LOS SUEÑOS
EN LAS DIVERSAS
CULTURAS

Si un hombre de una tribu del Oeste de Africa, sueña que le hace el amor a una mujer casada, a la mañana siguiente deberá pedir perdón a los dioses y prometerles que jamás volverá a hacerlo. Si se trata, en cambio, de una mujer virgen, su sueño significará que nunca llegará a poseerla, puesto que su alma ya la ha poseído.

Entre los melanesios este sueño tendría sin embargo, un significado bien distinto: la mujer soñada ha realizado actos mágicos que han hecho posible el sueño, desea al hombre que la sueña y éste deberá buscarla en la mañana para unirse a ella.

Estos ejemplos reflejan algunas actitudes básicas de las distintas culturas. El primer sueño es profético, pero la profecía puede ser evitada si se cumple el ritual de pedir perdón a los dioses. El segundo Ashanti revela algo básico de las creencias tribales respecto de las producciones oníricas: éstas representan la memoria de las aventuras del alma durante la noche. En ambos sueños el alma del soñante le hace el amor al alma de la mujer soñada. Lo mismo sucede con el sueño de los habitantes de las islas Trobriand, pero en éste el amor parece ser la consecuencia de algunas acciones mágicas realizadas por la mujer.

La idea de que los sueños representan las aventuras nocturnas del alma tiene su origen en los albores de la humanidad y es propia de las sociedades tribales. Como, según esta concepción, el sueño es una verdad, se le atribuye también carácter profético, adivinatorio.

El animismo

Aunque las culturas tribales difieren unas de otras, comparten algo en común, el "animismo". Con este término denominó el antropólogo británico Edward Taylor a un sistema de creencias sobre el lugar que las almas y los espíritus ocupan en el mundo natural. No solo los seres humanos, sino también los animales y las plantas, e incluso algunos objetos inanimados, como las piedras son, según este sistema de creencias, seres con alma. El mundo animista está poblado por espíritus naturales, malos espíritus y seres sobrenaturales de diferentes clases.

El animismo es dualista, ya que distingue entre el cuerpo, por un lado, y el alma, por otro. El cuerpo es concebido como continente, mientras que el alma es el contenido. Con la muerte, el alma abandona el cuerpo, pero puede seguir existiendo. Es lo que se llama vida extra corpórea o cercana a la muerte. Las enfermedades obedecen a algún problema del alma en su viaje, a una prolongada ausencia del cuerpo en que habitaba o a la invasión de alguna entidad extraña en el cuerpo dormido. Por eso, los sueños sirven para diagnosticar y curar las enfermedades.

Las religiones modernas plantean la idea de un alma simple, indivisible; en el animismo, en cambio, el alma es multifacética o múltiple. El cuerpo puede ser la morada de más de un alma, cada una de las cuales puede, a su vez, tener diferentes funciones en la vida del individuo y diferentes destinos después de su muerte. Una vez separada del cuerpo, una de las almas puede dejar de existir, otra viajar al País de la Muerte y una tercera volver a vivir en el cuerpo de un recién nacido.

Las almas múltiples o mutifacéticas pueden, simultáneamente, reencarnarse y existir en el país de la muerte. El alma que reside allí tiene la posibilidad de visitar a las personas vivas en sus sueños y también hacer "apariciones" ante ellas en estado de vigilia.

Muchas sociedades animistas tienen los denominados "mitos fundacionales", que consisten en un sistema de historias sobre la creación del mundo y a los seres que fundaron la sociedad. Estos mitos actúan como modelo o guía de la conducta. Las cosas suceden de tal o cual manera, porque así lo dispusieron los fundadores de la sociedad en la edad mítica.

Para los aborígenes australianos, la edad mítica no pertenece al pasado, sino que es temporalmente paralela al mundo real. Por la noche, el alma de una persona abandona este mundo y entra en el otro, es decir, en el de los sueños. Existe una continua interacción entre un universo y otro y, de esta forma, el mito puede actualizarse según los requerimientos de la vida real. En otras sociedades, en cambio, el mito fundacional está situado en el pasado, pero se actualiza a través de los dictados de los seres sobrenaturales que aparecen en los sueños. De esta manera, el sueño provee a la vez un vínculo con el pasado y una forma de hacer que ese pasado resulte relevante para el presente.

Diferentes tipos de sueños animistas

El investigador Harry T. Hunt distingue cuatro tipo de sueños comunes a todas las sociedades animistas:

1 - Sueños incidentales: son los más comunes y los menos importantes. Están relacionados con deseos y con experiencias personales. En ellos se manifiesta lo que Freud denominó "residuo diurno", es decir, el reflejo de lo que el soñante vivió durante la vigilia.

2- Sueños diagnósticos o pronósticos: indican enfermedades y prescriben remedios para curarlas. Los sueños de este tipo pueden tener, al mismo tiempo, un poder patogénico, es decir, que pueden causar una enfermedad a quien los sueña. Los sueños patogénicos obedecen a alguna peligrosa aventura del alma, por ejemplo, a una visita de ésta al País de los Muertos. También, pueden obedecer a algún espíritu maligno que invade el cuerpo del soñador.

3 - Sueños predictivos o proféticos: presagian

sucesos futuros felices o desgraciados. Muchos de estos sueños son precogniciones, es decir captaciones extra sensoriales de hechos del porvenir. El evento que se predice puede ser evitado si se lo comparte o si se lo "actúa", práctica esta última que muchos investigadores comparan con la moderna psicoterapia. El cumplimiento del sueño auspicioso puede ser ayudado por medio de la incubación del sueño, es decir procurando que se repita en la noche siguiente para "atraparlo."

4- Sueños con mensaje: en ellos el soñante recibe un mensaje de un ser sobrenatural. Los shamanes inducen los sueños con mensaje como parte de sus ejercicios de entrenamiento. Estos sueños son asociados, generalmente, con los ritos de iniciación que debe cumplir el púber para entrar en el mundo adulto. Introduciendo nuevos elementos en la cultura, el sueño con mensaje constituye una forma de actualizar los mitos fundacionales, indicándole a la gente cómo debe conducir su vida.

El sueño de anuncio es un tipo especial de sueño con mensaje. Por ejemplo: una persona muerta aparece en sueños y anuncia su intención de volver a nacer como hijo de una mujer determinada.

Estos cuatro tipos de sueños no son mutuamente excluyentes. Si bien en las sociedades animistas la mayor parte de los sueños responden a una de estas categorías, muchos de ellos pueden ser clasificados en más de una, a la vez.

Sueños diagnósticos o pronósticos

El investigador Donald Tuzin registró un sueño diagnóstico soñado por una joven mujer de la comunidad Arapesh del noreste de Nueva Guinea.

Kolawa, la soñadora, era una mujer atractiva,

la más joven de las esposas de Akwando y, sin duda, su favorita. Akwando había competido con Ifanim para ganar un lugar en su corazón e Ifanim, derrotado y abandonado, se había casado con la hermana mayor y menos atractiva de Kolawa.

Los dos primeros hijos nacidos de Akwando y Kolawa murieron en la infancia. Cuando su tercer hijo también enfermó seriamente, Akwando se convenció de que esta desgracia obedecía a una brujería. Consultó a los adivinos, pero éstos no pudieron encontrar la causa de su mala suerte. Entonces Kolawa, sintiéndose culpable, confesó que había tenido un sueño erótico referido a Ifanim.

La confesión de Kolawa fue suficiente para que Akwando supiera lo que tenía que hacer. Convocó a una reunión pública y expuso sus cargos contra Ifanim. Kolawa era una mujer honesta, por lo que era lógico suponer que Ifanim había recurrido a la magia para que su espíritu pudiera tener acceso al espíritu de Kolawa y Akwando resultara engañado. Este adulterio mágico era el que había causado la muerte de su hijos y aunque Ifanim se proclamaba inocente, todas las evidencias estaban contra él y tuvo que confesar su culpa. En el momento en que lo hizo Akwando cambió totalmente su actitud hacia él y al cabo del día ambos hombres eran, otra vez amigos. Ambos convinieron en que las mujeres no traían más que problemas y decidieron divorciarse de sus respectivas esposas. Unos días después de la separación, Kolawa volvió al lado de Akwando, pero Ifanim persistió en la separación.

Luego de la confesión de Kolawa y de la confrontación de Akwando e Ifanim, Kolawa dejó de soñar, es decir, de tener sexo con Ifanim, y su hijo enfermo recuperó totalmente la salud.

El mismo investigador relata el caso de otro hombre, Wolof, de la misma comunidad que repentinamente se quedó ciego. Su familia intentó diversas curas y medicinas, sin obtener ningún resultado positivo. El mismo Wolof estaba convencido de que su mal no tenía remedio. El había soñado que su difunto padre se aparecía ante él con marcas horrendas en su cara y sus ojos. Esto significaba que su ceguera obedecía a una causa sobrenatural y que no podía ser curada por remedios ordinarios.

Para Wolof su padre no actuaba por sí mismo, sino que era un representante de sus ancestros, quienes tenían poderes suficientes como para dejarlo ciego. Su sueño había tenido lugar la noche anterior al día en que se había producido su ceguera, razón por la cual podía muy bien ser considerado como la causa de ésta.

El psicoanalista y antropólogo George Devereux describe un sueño patogénico que le contó una india, Mohave, de la región sudoeste de Estados Unidos. La mujer se enfermó y se deprimió severamente luego de un sueño en el que un cocinero ya muerto, le servía un pescado cuya cabeza era la de la su difunta madre, cosa que sólo fue percibida por la mujer una vez que había comenzado a comerlo.

Para los Mohave, los espíritus de los muertos más cercanos son causantes de enfermedad, por lo que la mujer consideró que los eventos del sueño eran los causantes de su mal.

La conexión entre la enfermedad y el sueño es tan estrecha que el shaman o el médico investiga en los sueños del paciente para hacer sus diagnósticos. Incluso, los sueños incidentales son tenidos en cuenta, ya que todos son tomados como síntomas de la enfermedad y como indicadores de su gravedad.

Sueños predictivos o proféticos

La interpretación de las predicciones -incluso el concepto mismo de predicción- varía de acuerdo con cada cultura. Por eso, para interpretar apropiadamente un sueño es necesario el rasgo fundamental de la cultura de quien lo sueña. Lo que constituye un buen augurio para algunos pueblos, puede significar lo contrario para otro.

Poco después de haber comenzado a trabajar con los Quiche Maya de Guatemala, Dennis Tedlock soñó que en una fiesta un desconocido le daba un grano de maíz. El grano estaba cocido y tenía manteca, sal, jugo de lima y polvo de chili. El investigador comprendió inmediatamente lo que este sueño podía significar para los Zuñi, un grupo de aborígenes con los que había trabajado previamente: la persona desconocida podía ser interpretada como el espíritu de un muerto que pretendía envenenarlo. En vez de aceptar el grano de maíz debería haberlo rechazado, pero de todas maneras había tenido suerte en no comerlo, porque de esta forma su muerte hubiera sido segura.

El médico Zuñi tal vez le habría recomendado que se vistiera con una túnica e inhalara el humo de agujas de pino quemadas, las cuales luego debería colocar en un vaso de agua, retirarlas, marcarse con ellas el tórax y beber el agua. Posiblemente, el médico Zuñi lo pondría al tanto de las ventajas de haber contado su mal sueño, porque de esta forma lograría evitar que se cumpliera.

El adivino Quiche al que el investigador le contó el sueño, en cambio, dijo que se trataba de un sueño muy bueno, pero que ya que éste no había comido el grano que le había entregado el desconocido, debería aceptar la comida que le entregaran en un próximo sueño, porque, de lo contrario, el sentido positivo del sueño no estaría completo. Veinte días más tarde, Tedlock soñó que otro desconocido le ofrecía un plátano y se apresuró a comérselo y lo encontró muy dulce. Cuando le contó su sueño al adivino, éste sonrió y le dijo que se trataba de un buen augurio: él y su esposa Bárbara habían sido aceptados por los ancestros.

La diferencia de interpretación no significa

que los Quiche no tengan malos sueños o no reconozcan en ellos predicciones negativas, sino que lo hacen de otra manera. Ambos pueblos consideran el proceso de los sueños de un modo distinto. Los Zuñi piensan que los sueños son algo que les sucede, mientras que los Quiche creen que ellos tienen un control activo sobre las acciones que se producen en ellos. Por eso, los Zuñi notifican los sueños malos a la mañana siguiente, pero comparten los sueños buenos sólo después de que se hayan realizado. Comunicando sus malos sueños y llevando a cabo ciertas acciones evitan que éstos sean "completados" en la vigilia. Por el contrario, manteniendo en secreto las producciones oníricas de sentido positivo, propician la oportunidad de que sean efectivamente completados. Los Quiche, en cambio, comunican todo tipo de sueños, tanto buenos como malos, cuando se despiertan.

La idea de que la vida de los sueños soñados se vincula con la vida diurna y que deben respetarse ciertos pasos para evitar acontecimientos no deseados, es una creencia difundida entre muchas comunidades animistas, pero mientras los Zuñi conjuran este peligro mediante un ritual, otros pueblos lo conjuran de otra manera, por ejemplo, "actuándolos".

En el siglo XVII, los Iroquis "actuaban" todos sus sueños, tanto buenos como malos, durante la vigilia. Todo lo que el alma deseaba era representado en el sueño y esto debía ser actuado, porque de lo contrario el alma, enojada, enfermaría al cuerpo.

Para algunas culturas la actuación del sueño es tan importante que la llevan a cabo aun cuando resulte peligrosa para el soñante. Un relato de 1642 da cuenta de que un guerrero Huron soñó que era capturado, torturado y condenado a muerte. Para que esto no le sucediera fue torturado por sus propios compañeros de lucha, quienes lo quemaron con antorchas para evitar, precisamente, que lo torturara el enemigo. Para "actuar" su muerte, el soñante pidió a los dioses que aceptaran en su lugar el sacrificio de un perro, el cual fue muerto y devorado públicamente. Este ritual impedía que fuera el guerrero el que muriera.

El investigador Anthony Wallace, un estudioso de la cultura Iroqui, determinó que en tanto los sueños expresan algo que es de interés para el soñante, su actuación tiene una función terapéutica. Una observación similar hizo Kilton Stewart respecto de los Senoi, a quienes estudió en el año 1935. Según este investigador, el desayuno de los Senoi era una verdadera "clínica de sueños", ya que el padre y los hermanos mayores se dedicaban a analizar los sueños de los más pequeños. Luego del desayuno, todos los hombres se reunían para discutir las producciones oníricas de la noche anterior de toda la comunidad.

Al igual que los Quiche, los Senoi creen poseer el control activo de los sueños, por eso se encargan de controlarlos desde la niñez. Si un niño cuenta que soñó que caía, se considera que este sueño tiene un sentido positivo, ya que caer es la forma más rápida de ponerse en contacto con el mundo del espíritu. Con el tiempo, según Stewart, el tímido sueño de la caída deviene en el decidido sueño del vuelo. Y el acto de volar permite ponerse en contacto con los ancestros, observar sus danzas, conocer sus designios y adquirir sus conocimientos.

Tan fuerte es en estas sociedades la idea de que los acontecimientos de los sueños guardan una relación estrecha con los de la vigilia, que los indios Jíbaros utilizan plantas alucinógenas para producir "sueños diurnos". Estas visiones de carácter onírico tienen poder curativo. Un hombre jíbaro cuyo problema consistía en no encontrar animales para cazar, ingirió una planta alucinógena bajo cuya influencia pudo visualizar a todos los animales que no encontraba en la selva. Después de haber tenido este sueño-visión pudo continuar cazando normalmente.

Sueños con mensaje

Los sueños con mensaje son comunes durante los períodos de aislamiento que acompañan a la iniciación en la adultez, al ingreso en sociedades secretas o a lo largo del entrenamiento de los shamanes o los médicos. Frecuentemente, los mensajes son recibidos por los guardianes espirituales.

Entre los nativos del norte de América eran comunes en la pubertad los ayunos de iniciación, durante los cuales los niños experimentaban visiones. Entre los Ojibwa, por ejemplo, existía la costumbre de enviar a los niños entre los diez a los quince años a un retiro en el que ayunaban y experimentaban visiones. Los "abuelos sobrenaturales" se hacían presentes ante ellos y los bendecían, ofreciéndoles transmitirles sus conocimientos y su poder.

En un sueño registrado por A. Irving Hallowell, la figura sobrenatural apareció bajo la forma de un ser humano que más tarde le dijo a uno de los niños: Tú eres tan fuerte como yo y puedes ir por la vida sin mí. Mientras pronunciaba estas palabras, comenzó a danzar y se transformó en un águila de oro. Mirándose a sí mismo, el niño descubrió que también él estaba cubierto de plumas y cuando el águila emprendió vuelo en dirección al sur, voló tras ella. Gracias a este sueño, el niño obtuvo la certeza de que el pájaro era su guardián espiritual.

Escenas oníricas en las que están involucrados seres sobrenaturales pueden ser soñadas por diferentes individuos en circunstancias muy distintas de las de un ayuno iniciático, hoy bastante poco común. Resulta evidente que entre este tipo de sueños y los mitos fundacionales existe una relación muy estrecha. Con frecuencia, los personajes del sueño y de los mitos son los mismos. En efecto, son los mitos los que permiten interpretar tanto los personajes como los sucesos del sueño. En tanto los mitos son tomados como historias verdaderas y los sueños como memorias de experiencias reales, los sueños enfrentan cara a cara al soñante con los seres míticos. El sueño constituye, así ,una vía de comunicación con los seres sobrenaturales conocidos previamente a través del mito.

En los sueños, algunos viejos miembros de la comunidad, especialmente aquellos que aspiran a convertirse en shamanes, se comunican con los seres sobrenaturales, y como estos seres están directamente involucrados en la creación de la sociedad, es fácil deducir que a través de la interacción que realizan con la gente, mediante el sueño, introducen cambios que no podrían ser legitimados de otra manera.

Un ejemplo sirve para ilustrar esta hipótesis. Stewart describe un sueño Senoi que incorporaba nuevos elementos de cambio social. Un hombre Senoi soñaba que ayudaba a romper las barreras sociales que existían entre su grupo y algunos grupos chinos y colonias islámicas. El ser sobrenatural le mostraba cómo ejecutar una nueva danza. Habitualmente, los danzarines debían cumplir con una coreografía determinada y vestir ciertas prendas según el lugar que ocupaban en la sociedad, pero la nueva danza era tan fascinante que nadie podía evitar seguirla. Esto significaba que el ser sobrenatural legitimaba un nuevo orden social.

Un tipo especial de sueño con mensaje es el anuncio en el que una persona muerta, generalmente pariente muy cercano del soñante, le comunica su intención de renacer a través de él. Este tipo de sueño ha sido analizado por Ian Stevenson, un psiquiatra que se dedicó a estudiar profundamente los sueños de los indios Tlingit, de Alaska. Una mujer embarazada soñó con dos parientes muertos, Fred y Harry, mujer y varón respectivamente. La familia creía que Fred ya había renacido y en el sueño decía: "También Harry quiere volver". Este sueño le sirvió a la abuela materna para predecir que su hija iba a tener un niño y no una niña.

Los símbolos del sueño animista

El contraste entre las interpretaciones Zuñi y Quiche sobre el sueño del grano de maíz que un desconocido entrega al soñante en una fiesta, es un ejemplo claro de que los símbolos de los sueños deben ser interpretados en relación con el contexto cultural.

En la cultura occidental, Freud habría interpretado tanto el grano de maíz como el plátano que aparecía en otro sueño referido a comida, como claros símbolos fálicos. En consecuencia, ambos sueños manifestarían un contenido latente de carácter sexual.

La distinción freudiana entre contenido manifiesto (superficial) y latente (el más profundo e inconsciente) de los sueños, se presenta en muchas comunidades animistas, pero la interpretación del contenido latente es muy diferente de la indicada por Freud. Para los Parintintin de Brasil, por ejemplo, soñar con un pene erecto, no revela un deseo reprimido del soñante, sino que alude al tapir, porque en un mito de este pueblo este animal es el amante adúltero de una figura mítica.

Las asociaciones míticas constituyen una de las formas en que pueden ser interpretados los sueños, pero también existen símbolos generales en cada cultura cuyo significado deriva de procesos de asociación más directa. Bárbara Tellock describe un sueño que su informante Quiche no lograba interpretar con total seguridad. Había soñado que iba por un camino y que divisaba un grupo de chicas en bicicleta que comenzaron a seguirlo. Si lo interpretaba en forma simple y directa, el sueño no hacía otra cosa que mostrar o "escenificar" su rol de guía. Pero, analizado simbólicamente, podía significar un anuncio de su muerte, ya que las bicicletas eran consideradas elementos del País de la Muerte.

La interpretación más apropiada depende tanto del contexto como de la posición del soñante en la sociedad. Jung -célebre psiquiatra contemporáneo- se basó en la interpretación animista de los sueños para desarrollar su propia teoría onírica. El estableció una distinción entre símbolos personales y arquetípicos, basada en la separación entre sueños incidentales y sueños regidos por patrones sociales que encontró en su visita a los pueblos Hopi y Taos. En contraste con Freud, Jung no se limitó a estudiar el inconsciente individual, sino que postuló la existencia de un inconsciente compartido por toda la especie humana, llamado «ic», compuesto por numerosos arquetipos, muchos de los cuales se presentarían durante los sueños, poniendo al soñante en contacto con la memoria de la humanidad.

CAPITULO

5

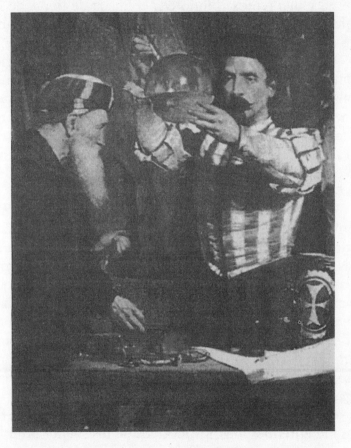

LOS SUEÑOS
Y LA
ALQUIMIA

Entre 1926 y 1928, el psicólogo Carl Jung tuvo una serie de sueños en los cuales vio una casa desconocida vecina a la suya. En cada nuevo sueño se preguntaba cómo podía haber ignorado su existencia, dado que vivía allí desde hacía mucho tiempo. Finalmente soñó que la casa contenía una inmensa y maravillosa biblioteca colmada de libros de los siglos XVI y XVII y de pergaminos ilustrados con grabados de extraños símbolos.

Jung interpretó esta casa para él desconocida como el símbolo de su inconsciente. En tanto era una construcción vecina a la suya propia era algo que le pertenecía, pero de lo cual no era responsable. Más tarde comprendió que la biblioteca representaba la alquimia, un tema acerca del cual él era completamente ignorante en ese tiempo, pero que comenzó a estudiar en profundidad a partir de entonces.

Durante años había visto la necesidad de encontrar un precedente histórico para este tipo de sueños, tanto de él como de sus pacientes, para poder hacer análisis psicológicos más objetivos, más libres de la impronta personal de cada soñante. Cuando comenzó a comprender la alquimia encontró la continuidad con el pasado que había estado buscando. *Nacida de la filosofía natural de la edad media -declaró- la alquimia forma, por una parte, un puente con el pasado, con el Gnosticismo, y, por el otro, con el futuro, más precisamente con la moderna psicología del inconsciente.*

Conociendo los símbolos de la alquimia, le fue posible entender algunos motivos de los sueños ante los que se había sentido desconcertado. Una de sus discípulas, Marie-Louise von Franz, recogió el testimonio de uno de los pacientes de Jung que había soñado con un águila que volaba por el cielo. En el sueño, el águila comenzaba a comerse sus propias alas y se precipitaba a tierra. Jung podría haber interpretado este sueño sólo desde el punto de vista psicológico e individual, pero el motivo del águila que se comía sus propias alas aparecía en uno de los grabados de un texto alquímico. Por lo tanto, consideró que el sueño contenía una imagen "arquetípica", es decir una imagen que no era una creación específica de su paciente, sino que pertenecía al "inconsciente colectivo" de la humanidad.

Así como el cuerpo tiene una anatomía común a todos los seres humanos, independientemente de la raza a la que pertenezcan, Jung estableció que también la psiquis tiene una "anatomía" común que trasciende las diferencias culturales. Y así como el cuerpo tiene una larga evolución histórica que puede percibirse en su estructura, él formuló que también en la psiquis subsiste su historia, la cual se manifiesta a través de las "imágenes primordiales" o "arquetipos".

Los arquetipos son para Jung las formas simbólicas de los instintos naturales y se expresan a través de los sueños y fantasías. Estas imágenes, que trascienden el tiempo y las culturas, pueden ser percibidas en el arte, la mitología y la literatura de los pueblos.

El origen de los arquetipos es desconocido, pero éstos están presentes en la psiquis humana desde el momento mismo del nacimiento y han acompañado al hombre a lo largo del proceso del pensamiento reflexivo. El pánico, los prejuicios, la inspiración y las visiones religiosas estarían relacionadas, precisamente, con estas "imágenes primordiales".

Un día un profesor fue a ver a Jung en un estado de pánico total. Pensaba que era un insano porque había tenido la visión de un hombre sobre el Sol y una mujer sobre la Luna. Jung reconoció en su relato que se trataba de una visión arquetípica y con mucha calma tomó del estante de la biblioteca un libro de alquimia que tenía cuatrocientos años de antigüedad y se lo enseñó al profesor. Un grabado mostraba la misma imagen que el profesor acababa de describir. No hay razón para que se considere insano -le dijo Jung-. Otros percibieron la misma imagen cuatrocientos años antes que usted. Inmediatamente el profesor dejó de tener miedo.

Este ejemplo demuestra cómo Jung utilizaba el material histórico en su práctica cotidiana. Sin embargo, es posible preguntarse si, tal como lo sostiene Jung, toda mitología es arquetípica, por qué las imágenes y alegorías alquímicas son más importantes que otros mitos. En respuesta a esta pregunta, Marie-Louise von Franz apunta que cuando se estudian los mitos en realidad se estudia un material producido por el inconsciente, pero que ha sufrido la censura de la sociedad o de la conciencia colectiva. La alquimia, en cambio, proporciona un material que proviene del inconsciente sin preconceptos, porque los alquimistas investigaban aislados en sus laboratorios y proyectaban así su propio inconsciente sobre los fenómenos desconocidos.

Puede parecer extraño y demasiado subjetivo el hecho de que los alquimistas, como precursores de la ciencia moderna, proyectaran sus símbolos arquetípicos personales sobre sus experiencias químicas. Sin embargo, ellos buscaban la verdad tanto como lo hacen los investigadores modernos y buscaban también un sentido para la vida tanto como los filósofos, teólogos y psicólogos de nuestro tiempo. Solos en sus laboratorios, estudiando lo desconocido, observando los detalles de sus experiencias químicas sin la ayuda de las modernas técnicas objetivas, era natural que pudieran proyectar sobre los misterios físicos sus propios misterios psicológicos.

Jung vio que las experiencias de los alquimistas coincidían con sus propias experiencias en psicología analítica y que le proporcionaban el marco histórico que estaba buscando. Pero lo más importante era que le permitían concebir al inconsciente como un "proceso". Fue a través de la alquimia que percibió que la psiquis está configurada por la interrelación entre la conciencia (el yo) y el inconsciente.

Desde el comienzo de su historia en la Edad Media y en el Renacimiento, la alquimia se dedicó a buscar por medio de complejos procesos de destilación una sustancia contenida, según se creyó, en todo objeto material. Dicha sustancia era la piedra filosofal y, una vez descubierta, a través de ella sería posible transformar cualquier metal en oro. Tomada como medicina, se confiaba en que sería una panacea. Muchos incluso llegaron a pensar que constituiría el elixir de la vida y que aseguraría la inmortalidad.

Paralelamente a la transformación química que produciría la piedra filosofal, habría una transformación espiritual de los alquimistas que sería tan necesaria para el desarrollo de los procesos que llevaban a cabo como cualquier componente químico. Cuando la preciada piedra fuera encontrada, los alquimistas alcanzarían simultáneamente la perfección espiritual, dado que existía una conexión mística entre ellos y el trabajo de investigación que llevaban a cabo.

Jung percibió que este proceso de transformación era idéntico al proceso psicológico conocido con el nombre de "individuación" y que la identificación de los alquimistas con su trabajo respondía a lo que él había denominado "sincronía". La individuación es un estado de la psiquis en el que las estructuras arquetípicas adquieren el predominio total. La sincronía es definida como la coincidencia entre la realidad psíquica y la realidad material exterior. Cuando un individuo experimenta sincronía, es decir una total coincidencia entre lo que vive a nivel psíquico con lo que sucede en su entorno, es, según Jung, porque se ha activado un arquetipo. Para él, a través del proceso de sincronía con sus experimentos químicos, los alquimistas llegaron a un estado psíquico en el cual su conciencia se integró con su totalidad física.

La palabra alquimia tiene un origen greco-árabe. "Al" es en árabe el artículo definido que precede al sustantivo; "quimia" deriva del griego "Kemia" que refiere a un lugar de Egipto llamado Khem, de donde proviene el jeroglífico Khmi que simboliza la fertilidad. A partir de su nombre es posible trazar la historia de esta ciencia.

La religión egipcia desarrolló un complejo cuerpo de fórmulas mágicas que constituyeron el principio de lo que luego derivó en la geología, la metalurgia y la química. Entre estas fórmulas mágicas se encontraba una que permitía separar del carbón oro, plata y otros metales, otra que hacía posible la aleación de diversos metales en uno solo, otra para la fabricación de perfumes y algunas fórmulas químicas y rituales mágicos para embalsamar a los muertos.

Durante los rituales de embalsamamiento, se preservaba el cuerpo para que el muerto pudiera renacer. Este era depositado en un inmenso catafalco que representaba a la Diosa Madre y se le colocaban en las manos semillas de cereal a las que se regaba regularmente para que crecieran en armonía con la resurrección del muerto.

Los antiguos filósofos griegos también sintieron una gran curiosidad por el mundo físico y se ocuparon de investigar cuál era la parte del individuo capaz de trascender a la muerte. Sus estudios de la naturaleza y sus observaciones respecto del funcionamiento del universo pueden ser consideradas con justicia como las piedras fundamentales del moderno pensamiento científico.

Cuando Alejandro el Grande conquistó Egipto, puso en contacto la filosofía griega con la mística, la magia y la religión egipcias y puede decirse que este fue el origen de la alquimia en Occidente. Los textos occidentales más viejos referidos a esta disciplina son grecoegipcios, provienen particularmente de Alejandría y corresponden al siglo I de nuestra era. Como ejemplo, basta citar el **Codex Marcionus** en Venecia que contiene la traducción de un texto del que se dice que fue escrito por Isis para Horus, en el que la diosa le cuenta al dios el secreto para hacer oro y plata.

Más tarde, los alquimistas europeos sentaron las bases de su disciplina a partir del mítico autor egipcio Hermes Trismegistus. El texto que se le atribuye es **La Hermética** y estaba escrito en griego y en latín. Pitágoras y Platón abrevaron en estas fuentes de sabiduría. Pero algunos libros egipcios, como el **Libro de los Muertos**, estaban escritos en jeroglíficos indescifrables para los filósofos griegos, por lo que solo podían hacer deducciones vagas acerca de su contenido. Sin embargo, también estos libros pasaron a formar parte de la tradición griega.

Zosimos de Panopolis fue uno de los alquimistas más renombrados del siglo IV y sus conocimientos fueron compilados, en el siglo VIII, en Bizancio, en una enciclopedia de Alquimia. Sus textos describen la manera de ennoblecer metales hasta transformarlos en oro. El proceso requiere que los metales innobles "mueran" para que luego puedan renacer, es decir, que cumplan un proceso similar al que, según los egipcios, se producía a través del embalsamamiento. Sus métodos dependían de la producción de una serie de colores: negro, blanco, amarillo y colorado, los cuales eran obtenidos a partir de materiales "divinos" o agua de sulfuro. Zosimos aseguraba que la transformación dependía de una sustancia mágica denominada Xerion que fue traducida del árabe al latín primero como "elixir" y luego como "piedra filosofal".

Conceptos básicos de la alquimia

Jung describe el método de desciframiento en la alquimia como lo oscuro a través de lo más oscuro, lo *desconocido a través de lo más desconocido* y afirma que rara vez dos autores tienen la misma opinión respecto del procedimiento correcto; sin embargo, la mayoría llega al acuerdo con respecto a los conceptos básicos. Estos conceptos derivan de un místico sistema matemático establecido por Pitágoras en el que el 1, el 2, el 3 y el 4 tienen una importancia fundamental.

La unidad primordial: el círculo

Aristóteles elaboró la hipótesis de que existía una sustancia simple, indivisible e indestructible a partir de la cual fueron creados todos los objetos del mundo. Esta sustancia fue llamada materia prima o primordial y no sólo era invisible, sino que no tenía existencia física, no obstante lo cual todas las sustancias materiales derivaban de ella.

El objetivo del "gran trabajo" de los alquimistas era duplicar el proceso de creación y llegar a la resolución final del mismo en el microcosmos del laboratorio. Partiendo de la materia primordial encontrada en cualquier sustancia, el alquimista debía realizar una serie de operaciones consistentes en separar, fragmentar, combinar, "matar" y "revivir".

La piedra filosofal era considerada como la expresión tangible de la materia primordial que, por definición, no tenía existencia física. Dicha piedra era descrita simultáneamente como un polvo, un líquido, una piedra propiamente dicha o como un objeto invisible. El lexicón de alquimia recoge 134 nombres diferentes para designarla, muchos de ellos contradictorios entre sí como medicina y veneno u opuestos, como fuego y agua.

Según Jung, la materia prima refiere al inconsciente por el hecho de que una cosa puede ser ella misma y, a la vez, su contrario. Esta lógica particular del inconsciente es la que se expresa a través del sueño, en que un mismo elemento puede tener dos contenidos antagónicos. En dos sueños recopilados por Jung, la materia primordial aparece de manera espontánea, sin que el soñante tuviera ningún conocimiento de alquimia.

Sueño 1
El mar rompe contra la costa mojándolo todo. El soñante está sentado en una isla desierta.

Sueño 2
Una serpiente describe un círculo alrededor del soñante, quien permanece fijo en el suelo como si fuera un árbol, mientras ve la velada figura de una mujer sentada en una escalera.

En el sueño 1, la materia primordial es simbolizada por el mar, que es un símbolo común del inconsciente. En el sueño 2 está simbolizada por la serpiente. La serpiente que se muerde la cola es probablemente el más viejo símbolo de la alquimia. Representa el proceso circular que va de la materia prima a la materia total y, además, la eternidad. La serpiente es también un símbolo de longevidad porque rejuvenece cada vez que pierde la piel. La mujer o "ánima" es, según Jung, el elemento femenino que hay en la psiquis masculina y que es completado por el elemento masculino de la psiquis femenina o "animus".

Dualidad y triplicidad

La dualidad fundamental está constituida por la fuerza femenina y la fuerza masculina, a partir de las cuales se producen todos los materiales alquímicos. En China, la materia primordial es el TAO y éste se evidencia a través del yin y el yang, el par femenino-masculino a partir de cuya interacción se crea el universo. En la India, esta oposición fundamental está representada por Shakti y Shiva, la pareja divina cuya atracción irrefrenable deriva del hecho de haber formado antes una unidad.

Esta misma dualidad se encuentra en los alquimistas occidentales y está representada por varios pares de símbolos contrapuestos: mercurio y sulfuro, blanco y rojo, volátil y fijo, Sol y Luna. En la alquimia más tardía lo femenino y lo masculino son simbolizados a través de la figura de una reina y un rey, hermanos y amantes. Según Jung, el rey y la reina corresponden al "animus" y al "anima", arquetipos de las fuerzas masculinas y las femeninas del inconsciente y frecuentemente aparecen en los sueños como amantes o como guías, como en el caso de la mujer que aparecía en el sueño 2.

La integración del yo con el inconsciente puede ser simbolizada como un matrimonio o unión entre el animus y el alma, gestando así un Ser Superior, un ser hermafrodita, es decir, a la vez masculino y femenino.

Con la introducción del concepto de Ser Superior, la pareja alquímica se transforma en una tercera fuerza. En los códices alquímicos de Jabir, del siglo XVIII, el sulfuro es el elemento masculino (espíritu) y el mercurio el femenino (alma). Los gnósticos, en cambio, consideraban que el individuo estaba formado por tres partes: cuerpo, espíritu y alma. Más tarde, los alquimistas agregaron a los códices de Jabir la sal, que simbolizaba el cuerpo. En otros textos alquímicos, en cambio, el mercurio aparece claramente como un elemento hermafrodita, como ese Ser Superior que es a la vez masculino y femenino. En la mitología griega, Hermes (Mercurio), como mensajero del mundo divino, podía aparecer indistintamente bajo la forma de un hombre o de una mujer, es decir que era hermafrodita.

El cuadrilátero

Aristóteles postuló que toda la materia está compuesta por cuatro elementos extraídos de la materia primordial: el agua, el aire, la tierra y el fuego. En la antigüedad, la mayor parte de los pueblos aceptaba como verdad esta estructura cuatripartita de la materia. El número cuatro estaba asociado, en general, con el mundo y la realidad física, que tienen cuatro direcciones, cuatro dimensiones y cuatro estaciones.

El filósofo mencionado llevó este concepto a su máxima dimensión, introduciendo cuatro cualidades: seco, mojado, caliente y frío. Cada elemento posee dos de estas cualidades. La tierra es seca y fría, el agua es mojada y fría, el aire es húmedo y caliente y el fuego es seco y caliente. Como se puede observar, hay sólo una cualidad compartida por dos elementos sucesivos; cada elemento se puede transformar en aquel otro con el que comparte una cualidad, transformando la cualidad que no comparten. La teoría de Aristóteles fue la base de la creencia alquímica en la posibilidad de transformar una sustancia en otra.

En el siguiente sueño, recopilado por Jung, es posible encontrar referencias tanto a los cuatro elementos como a la triplicidad.

Sueño 3

Un espacio cuadrangular. El soñante está sentado en forma opuesta a una mujer desconocida cuyo retrato parece estar dibujando. Pero lo que dibuja no es en realidad su retrato, sino una hoja de árbol compuesta a su vez por tres hojas pequeñas de cuatro colores diferentes: rojo, amarillo, verde y azul.

En este sueño, los cuatro elementos pueden ser vistos en primer lugar en el símbolo del espacio cuadrangular, lo que remite a la realidad material y a las cuatro direcciones, y luego en los colores de las hojas.

Desde la antigua cosmogonía indoeuropea hasta las sociedades Herméticas del siglo XIX ha habido numerosos sistemas para relacionar cuatro colores con los cuatro elementos. Dichos sistemas estaban basados, fundamentalmente, en los colores primarios: rojo, amarillo o azul, con la adición de blanco, negro o amarillo. Los colores del sueño transcrito más arriba, por lo tanto, pueden ser interpretados como una representación de los elementos. Si el sueño hubiera continuado, es muy probable que el soñante hubiera asignado a cada color un punto cardinal, tal como lo hace uno de los más antiguos mapas del mundo. Jung toma este sueño como un ejemplo de "mandala", símbolo que representa la totalidad del ser y el centro de la verdad. El término "mandala" deriva de los místicos diagramas circulares hindúes y tántricos que provenían de los antiguos mapas.

Siete metales, siete operaciones

Para los antiguos existían siete planetas, cada uno de los cuales correspondía a un día de la semana. Estos eran la Luna, el Sol, Mercurio, Venus, Marte, Júpiter y Saturno. Aristóteles desarrolló un modelo del Universo en que la Tierra era el centro y cada planeta estaba inmerso en su propia esfera de cristal, recubriendo a la tierra como las capas de una cebolla. Sobre la última esfera estaban emplazadas las estrellas.

La teoría de Aristóteles fue redefinida por Ptolomeo, cuyas creencias fueron aceptadas por siglos. Fue Copérnico, en 1473, quien colocó al Sol en el centro del sistema, pero el nuevo emplazamiento del Sol no permitía explicar el movimiento de los planetas y fue necesario esperar hasta el siglo XVI para que Kepler comprobara que los planetas describían órbitas elípticas.

Los alquimistas establecieron una serie de correspondencias entre cada uno de los metales y los planetas. Cada uno de los siete metales era la "esencia viva" de un planeta sobre la Tierra y sucesivamente purificados por la naturaleza iban adquiriendo un estado superior hasta transformarse en oro. Lo que ellos pretendían era, precisamente, lograr la reproducción de este proceso en el laboratorio. El analista jungiano Edward F. Edinger narró el siguiente sueño de una persona de la Edad Media que no tenía conocimientos de alquimia.

Sueño 4

Cuatro figuras de metal descienden hacia mí desde el cielo y flotan sobre un antiguo muro romano. Cada una de las figuras es de un metal diferente. La última figura aparece separada de las otras y dice: "Estamos buscando un metal. El metal que buscamos forma parte del material con que estamos construidas. Las figuras permanecen suspendidas en el aire."

La correlación entre los siete metales y los siete planetas es la siguiente:

METAL	PLANETA
Oro	Sol
Plata	Luna
Mercurio	Mercurio
Cobre	Venus
Hierro	Marte
Zinc	Jupiter
Plomo	Saturno

En su trabajo, los alquimistas desarrollaron numerosas operaciones químicas. El nombre de estas operaciones, tanto como el orden y la importancia de las mismas, cambia de alquimista a alquimista, pero las mencionadas más frecuentemente son:

• **Solutio:** transforma un sólido en líquido.

• **Separatio:** descompone una materia en sus elementos primordiales.

• **Coniunctio:** une dos sustancias para formar una tercera.

• **Calcinatio:** extrae el agua de la materia.

• **Mortificatio:** "mata" a la materia. Esta

operación no puede asimilarse a ningún proceso químico moderno, ya que los alquimistas pensaban que los minerales tenían vida.

•**Baptisma:** purifica la materia.

•**Multiplicatio:** es una operación llevada a cabo por la piedra filosofal una vez que ésta ha sido encontrada. La piedra filosofal purifica lo que toca y multiplica su perfección.

CAPITULO

6

EL ANALISIS
DE LOS
SUEÑOS

Los hombres le hemos prestado atención a las visiones nocturnas desde por lo menos 3000 años A. C. Los asirios, sumerios y babilonios consideraron los sueños como el producto de la acción de los demonios. Fueron, sin embargo, los egipcios quienes fundaron la oniromancia, es decir la ciencia de la interpretación de los sueños. Esta civilización veía sus visiones nocturnas como mensajes de los dioses y, por lo tanto, como hechos reales. Estos espontáneos mensajes de los dioses podían ser también deliberadamente provocados por medio de la técnica de la incubación, es decir, del esfuerzo por soñar con un tema determinado. Esta técnica se utiliza aún en nuestros días y resulta sumamente útil para resolver problemas.

Con el tiempo, la oniromancia adquirió un valor curativo y se la utilizó para curar las enfermedades del cuerpo. Se sabe que Hipócrates se valió de ella para realizar sus diagnósticos y sanar a los pacientes. Para él sólo algunos sueños eran mensajes de los dioses, el resto eran instrumentos diagnósticos y sanadores.

El primer método de análisis de los sueños fue el de Artemidorus de Daldis, quien vivió en Asia Menor en el siglo II D.C. Aunque no puede ser considerado 'científico' de acuerdo con los conceptos actuales al respecto, los cinco tomos de su Onirocrítica constituyeron un punto de inflexión en la interpretación de los sueños y muchas de las técnicas allí descritas fueron tomadas por los métodos más modernos que se utilizan hoy en día.

En las culturas orientales, los sueños se consideraron herramientas útiles para el autoconocimiento y muchos fueron los artistas que se dedicaron a incubar sueños para utilizarlos como la materia prima de su pintura o de su música. El libro de los Vedas es una colección de escritos sagrados hindúes que contienen instrucciones precisas para interpretar los sueños así como también indicaciones respecto del momento de la noche en que se producen.

Durante el Renacimiento, con el auge del conocimiento científico y racional, la interpretación de los sueños perdió popularidad y casi llegó a ser olvidada, hasta que a fines del siglo XIX Sigmund Freud la retomó nuevamente, esta vez bajo la óptica del psicoanálisis.

El moderno análisis de los sueños

En **La interpretación de los sueños** (1900), Sigmund Freud postula que las producciones oníricas tienen un significado. El fue el primero en hacer una conexión entre los sueños y el inconsciente, a pesar de las dudas que sobre este punto tenían sus contemporáneos. Freud creyó que sólo la asociación libre puede aclarar el verdadero significado de los sueños, ya que por revelar éstos deseos insatisfechos, su significado no puede acceder espontáneamente a la conciencia. Los deseos insatisfechos, según su teoría, irrumpen en el sueño por medio de símbolos. Incluso aquellos sueños cuyo significado parece ser claro y transparente esconden otro más profundo y difícil de descubrir. La fuente del sueño, según el padre del psicoanálisis, es el 'resto diurno', es decir, aquello que sucedió durante el día o en los dos últimos días.

Para Alfred Adler, la función de los sueños es posibilitar el crecimiento personal. Sostiene incluso que la 'actitud' del sueño está estrechamente relacionada con la personalidad del individuo durante la vigilia. De manera similar, Jung cree que los sueños contribuyen al proceso de individuación, es decir ayudan a completar aquellos aspectos de la personalidad que están menos desarrollados.

Técnicas de interpretación

•1) El psicoanálisis
El terapeuta debe cumplir con la función de asistir a la asociación libre del paciente sin influir sobre él y sin proyectar sus propias creencias y convicciones. El primer sueño que se recuerda al despertar es el más importante para el análisis y, por lo tanto, es el que más debe ser tenido en cuenta. Los sueños influyen sobre la terapia del mismo mo-

do que ésta influye sobre los sueños. El terapeuta puede comenzar a aparecer en los sueños de su paciente de manera directa o velada y el trabajo que se haga con ellos puede influir en la producción onírica siguiente.

Al principio del tratamiento, la mayor parte de los sueños son incómodos, ya que el análisis comienza a sacar a la luz aspectos oscuros o actitudes negativas del paciente que este se niega a reconocer. Por esta razón le cuesta recordar sus sueños al despertar, sobre todo si estos sacan a la superficie conflictos con los que no se quiere enfrentar.

El terapeuta debe guiar la interpretación o el desciframiento del sueño. La prueba de que la interpretación ha sido correcta es la sensación del paciente. Cuando el análisis del sueño es acertado, arroja una luz inesperada sobre un determinado problema. El paciente siente que todas las partes del sueño 'encajan' y es invadido por la sensación de haber descubierto algo fundamental, de haber tenido una verdadera revelación.

•2) **El significado de los arquetipos**
Para Jung, tal como hemos visto anteriormente, existe un 'inconsciente colectivo' donde están depositados los arquetipos. Estos se activan con el sueño. Las producciones oníricas no son, por lo tanto, enteramente propias ni originales, ya que los elementos utilizados en ellas para representar simbólicamente los conflictos pertenecen al patrimonio inconsciente común. Los significados, en consecuencia, no pueden buscarse en la asociación libre, sino que están prefijados. La lista que sigue recoge los arquetipos fundamentales consignados por Jung.

Caracteres y animales
Mujer arquetípica: representa la espiritualidad.
Hombre viejo: sabiduría, experiencia.
Niño: fuerzas creativas.
Maestro: el soñante busca entenderse a sí mismo.
Héroe mitológico: necesidad de protección.
Caballo: necesidades animales primitivas.

Serpiente: órgano sexual masculino, renacimiento,
energía que proviene del inconsciente.

Naturaleza

Sol: masculino, dador de vida.

Luna: femenina, planeta del misterio.

Tierra: figura de la madre, seguridad.

Mar: inconsciencia, eternidad.

Fuego: energía, destrucción, sexualidad.

Lluvia: llanto, limpieza.

Arbol fuerte: figura del padre.

Isla: soledad, desolación.

Montaña: ambición, espiritualidad, deseo de ascender.

Acciones

Volar: deseo de escapar de responsabilidades, necesidad de expansión.

Cruzar un puente/ escalar una montaña: acceder a una nueva etapa de la vida.

Comer: transformación.

Bailar: unidad simbólica, amistad, sexualidad.

Nadar: sumergirse en la vida.

Morir: terminar una etapa.

Objetos

Casa: estructura del yo (si las paredes están rajadas o escritas demuestran un sentimiento de fragilidad o la posibilidad de un peligro).

Puerta: transición, elección.

Ventana: percepción.

Pared: restricción, introversión.

Frutas: órganos sexuales, fertilidad.

Llave: poder, masculinidad.

Espejo: alma.

Escaleras: ganar o perder conciencia, según se asciendan o se desciendan.

Figuras

Círculo/Mandala: totalidad, armonía.

Triángulo: magia, espiritualidad.

Rectángulo: solidez.

Colores

Rojo: enojo, intensidad.

Rosa: inocencia, amor.

Amarillo: energía, enojo.

Verde: vida, fertilidad.

Azul: racionalidad.

Púrpura: espiritualidad, arrogancia.

Marrón: Tierra, instintos primitivos.

Negro: sombra, poder.

Gris: neutralidad.

Blanco: pureza, espiritualidad.

Números

Números impares: masculino.

Números pares: femenino.

Cero: retorno de lo reprimido.

1: comienzo, individualidad, masculinidad, indivisibilidad.

2: dualidad, yin y yang ; luz y oscuridad, femineidad, receptividad.

3: magia, espiritualidad.

4: estabilidad, plenitud, materialización, sensación.

5: forma física humana (dos brazos, dos piernas, una cabeza)

6: simetría, unidad de cuerpo y espíritu, unión del hombre con Dios.

7: ciclos vitales, ritmos y energías propias.

8: generación, degeneración y regeneración, muerte y resurrección, infinito.

9: culminación de lo que se está gestando (como después de los nueve meses de embarazo)

10: un nuevo comienzo, reencarnación, karma.

7

DICCIONARIO
DE SIMBOLOS
ONIRICOS

Abandono, abandonar

El significado es diferente si nos abandonan a nosotros o si somos nosotros quienes abandonamos a alguien. En el primer caso, se trata de un mal sueño, excepto que seamos abandonados por gente poderosa, lo que significa que nos hemos liberado de una dominación que vivíamos como un padecimiento.

Si nos abandona nuestro padre: nos faltarán las fuerzas para llevar a feliz término lo que nos propongamos.

Si nos abandona nuestra madre: dificultades materiales se avecinan.

Si nos abandona nuestra pareja: circunstancias difíciles originadas por nuestra culpa.

Si somos nosotros los que abandonamos: significa que estamos viviendo presos de algo o de alguien, pero que podremos liberarnos de esa opresión.

Es común soñar con abandonos después de un divorcio o de la muerte de un ser amado.

Acantilado

Augura dificultades futuras o expresa las ya existentes. Cuanto más escarpado sea, tanto mayores serán las dificultades. Escalarlo significa que, pese a los inconvenientes, saldremos airosos de los problemas.

Accidente

Soñar con accidentes delata un gran estado de estrés. Los accidentes típicos de los sueños son: perder el control del coche, caer a un precipicio, caerse de un bote, caer desde una ventana, ser atacado o injuriado, estar en medio de un desastre natural como un terremoto.

Es común soñar con accidentes en la víspera de algún acontecimiento importante y el sueño revela nuestro temor íntimo ante lo que está por suceder. Puede indicar también que en nuestro camino aparecerá un obstáculo importante.

Actor, actriz

Ser un actor u observar a un actor en sueños expresa deseos reprimidos o anuncia que nos sentimos capaces de controlar una situación que estamos protagonizando. Si el sueño se repite más de una vez en un periodo corto, en cambio, significa lo contrario: que no nos sentimos en condiciones de llevar a buen término lo que tenemos entre manos.

Adelgazar, delgadez

Vernos adelgazar en sueños constituye un aviso de que debemos cuidar nuestra salud ya que puede estar amenazada. Lo mismo es válido para aquellos sueños en que, aunque no visualizamos el proceso de adelgazamiento, nos vemos muy flacos.

Adivinar, adivinación

Consultar en sueños el horóscopo, las cartas o cualquier otro instrumento de adivinación, significa que atravesaremos dificultades y angustias. En cambio, si somos nosotros los que predecimos el futuro de otra persona significa que esas personas nos harán algún favor importante, que nos resultarán de suma utilidad para la realización de nuestros proyectos.

Agonía

Los sueños en que aparecemos postrados por la enfermedad y en estado de agonía tienen en realidad el significado contrario, sobre todo si en realidad padecemos alguna enfermedad. En este caso, significará la curación. Si estamos sanos, en cambio, el sueño será un indicio de que debemos cuidarnos. En cualquier caso, la muerte no debe ser entendida literalmente, sino como metáfora de un cambio radical en nuestras vidas.

Agresión

Ser agredidos en sueños tiene el significado contrario: en vez de agresión, recibiremos ayuda. Cuando el sueño está acompañado de una excesiva carga de angustia, anuncia que alguna persona cercana puede estar en peligro.

Agredir a los demás indica que somos demasiado precipitados y que esa precipitación puede hacer que nuestros proyectos no se realicen.

Agua

El agua simboliza lo vital, la esfera afectiva, la abundancia y la fertilidad.

Si es clara y transparente, anuncia una larga vida. Si se halla turbia, pronostica males futuros. Que alguien nos ofrezca agua en un vaso indica alivio, salud, consuelo y posibilidades de embarazo. Si no bebemos el agua que nos ofrecen es señal que de que estamos demasiado preocupados por la acumulación de bienes materiales y que debemos abrirnos hacia una dimensión más espiritual de la vida.

Dar de beber a un sediento significa piedad, mientras que cobrar por el agua que damos indica que estamos renunciando a los principios morales que nos guiaron en otro tiempo.

Si el agua produce una inundación, ya sea en una casa o en una ciudad, significa que podemos tener algunos inconvenientes en el futuro. Si mana de las paredes es que deberemos lamentar algunas pérdidas.

Soñar con una fuente de agua pura dentro de la casa es signo de prosperidad y de felicidad. Bañarse en agua fría anuncia que no seremos bien comprendidos por quienes nos rodean. Si el agua está templada, en cambio, presagia felicidad, pero si está demasiado caliente indica que se producirá una separación o un divorcio.

Aire

Creatividad, intelecto, pensamientos elevados, esfuerzo mental. Es necesario prestar atención a la calidad del aire. Si es limpio y transparente, es indicio de un período de éxitos materiales y de recuperación de afectos, tanto más si es perfumado. Si, en cambio no es limpio, significará una advertencia para que seamos prudentes, pues podemos encontrarnos con algunos problemas. Cuando es decididamente oscuro, casi negro, anuncias desavenencias con superiores o discordias.

Alcohol

De acuerdo con el contexto en que aparece, puede significar una fuerza creativa o destructiva. Si el alcohol es poco, expresará un beneficioso relajamiento de nuestras inhibiciones, pero si es demasiado puede significar una fuerza compulsiva instalada en nuestra vida.

Almendra - almendros

Las almendras simbolizan el principio femenino y, por lo tanto, implican encanto, ternura, fertilidad y embarazo. Sin embargo, para interpretar su significado preciso en cada sueño es necesario tener en cuenta el contexto en que aparecen.

Si las vemos y no las tocamos es un presagio de dificultades. Si las vemos tiradas y las levantamos, es el anuncio de una tranquilidad sin sobresaltos.

Si les quitamos la cáscara para comerlas es un augurio de ganancias materiales. Cuanto más difícil resulte quitarles la cáscara en el sueño tanto más nos costará en la realidad lograr dichos beneficios.

Los almendros en flor anuncian la realización de nuestros proyectos, pero si el fruto o las flores de los almendros caen antes de tiempo constituyen un presagio de posibles decepciones.

Altar

Es el lugar donde se hacen los sacrificios, un espacio espiritual. Por lo general sólo aparece en los sueños de las personas muy religiosas y sólo resulta un símbolo significativo para estas personas.

Si el altar está en buenas condiciones y se realizan oraciones ante él, es un presagio de matrimonio, nuestro o de alguna persona muy cercana a nosotros. Si, en cambio, aparece en ruinas, constituye el anuncio de una pérdida de consideración por parte de quienes nos rodean.

Amputación

Significa el corte de una situación no deseada o puede ser el indicio de que existirá en el futuro una situación crítica que deberá ser resuelta de manera drástica.

Los sueños en que aparecen amputaciones pueden revelar también temor a la pérdida de la potencia sexual, independientemente de cuál sea la parte del cuerpo amputada.

Cuando la parte amputada es muy importante -por ejemplo, las manos- pone en evidencia un estado psíquico de indefensión que nos impide tomar las riendas de nuestra vida.

Ancla

Simboliza la estabilidad y la seguridad. El ancla permite que las embarcaciones se fijen en un sitio preciso y, en los sueños, las embarcaciones son los vehículos que permiten navegar en las aguas del inconsciente.

Soñar que echamos el ancla o que alguien la echa por nosotros significa que debemos detenernos a pensar para ver si estamos en el rumbo correcto o debemos cambiarlo. En cambio, soñar que levamos anclas indica que debemos ponernos en acción para llegar adonde nos hayamos propuesto.

Animales

Representan lo primitivo, lo físico, los instintos y la fuerza sexual. En los sueños significan, además, los impulsos que provienen del inconsciente, el crecimiento espiritual. Pueden ser el indicio de que tenemos necesidades sexuales, físicas y emocionales que deben ser procesadas por nuestra conciencia.

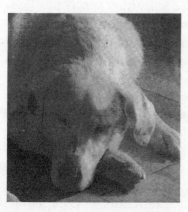

En los sueños, como en los mitos, los animales representan fuerzas arquetípicas. El animal dócil simboliza esa cualidad, mientras que el animal feroz simboliza la contraria. En general, su función en los sueños es, precisamente, representar la cualidad que la cultura le atribuye. Soñar con un caballo, por lo tanto, señala la virilidad, la potencia, la fuerza del instinto, mientras que un conejo aludirá a la ternura y la suavidad.

Entre los animales que más frecuentemente aparecen en nuestras visiones nocturnas, los pájaros y las serpientes son, sin duda, los más frecuentes. El pájaro simboliza lo espiritual, mientras que la serpiente alude a la renovación y el resurgimiento. Según Jung los animales que menos aparecen en los sueños son las tortugas, los caracoles, las arañas y las abejas.

Angeles

Interpretados literalmente, los ángeles son los mensajeros de Dios, los intermediarios entre Dios y los humanos y tienen el poder de intervenir en los asuntos mundanos. Cuando aparecen en sueños generalmente lo hacen para guiarnos o informarnos. Son los heraldos del inconsciente que golpean las puertas de la conciencia para requerir nuestra atención. prodigan salud a los enfermos, Prosperidad económica en los hogares con problemas de este tipo, recuperación de los afectos perdidos. Es decir que anuncian el fin de las situaciones que nos angustian.

Si los ángeles están tristes o enojados, en cambio, significa que nuestro destino tendrá un giro negativo y que es posible que suframos serias pérdidas. La mayor parte de las figuras vestidas con túnicas blancas, especialmente si vuelan, pueden ser interpretadas como ángeles. Los ángeles negros simbolizan los elementos sombríos de nuestra personalidad.

Armario

El armario representa nuestra intimidad, nuestro bagaje cultural. Si está desordenado, significa que debemos poner orden en nuestros conocimientos. Si está vacío indica que no nos sentimos con capacidad para desempeñar alguna tarea determinada. Si está lleno de ropa blanca presagia una enfermedad o herida. Si la ropa es de colores augura prosperidad.

Arte

Creatividad, belleza e inspiración. En los sueños el arte representa los contenidos del inconsciente y es la revelación de nuestro potencial creativo.

Ataúd

Aunque es un sueño temido, su significado es positivo, ya que puede indicar el fin de una situación que nos inquieta, nos molesta o nos produce angustia. Si somos nosotros los que estamos en el ataúd esto significa que la situación que nos ataba nos creaba una dependencia demasiado intensa.

Avión

Por un lado, simboliza al intelecto, las ideas elevadas y la libertad del pensamiento; También, la habilidad para resolver situaciones problemáticas. Por otra parte, volar en avión es un símbolo de la fase alquímica de la sublimatio y significa la ascención del intelecto.

Los sueños en que aparecen aviones comerciales tienen más símbolos colectivos que aquellos en los que aparece un avión pequeño, privado. Ser un pasajero es un símbolo de pasividad. Ser un piloto, en cambio, es un símbolo de autocontrol.

Un avión que cae significa que hemos llegado demasiado alto y que necesitamos volver a la tierra. También es la expresión metafórica de un momento de mucho estrés.

B

Baile

Conexión con nuestras emociones o necesidad de conectarnos con ellas. El baile representa la libertad de movimientos, la expresión creativa, la gracia, la desinhibición. Bailar en un sueño significa tener energía creativa o realizar una transición entre una fase y otra de nuestra vida.

Bailar con alguien: unión, armonía sexual.

Bailar solo: distancia emocional del ser querido.

Bailar y caer: advertencia para que abandonemos las actitudes soberbias.

Baile de disfraces: advertencia para que dejemos de ser hipócritas con nuestra pareja.

Baile entre hombres: temor por parte de un hombre a la homosexualidad.

Baile entre mujeres: ocultamiento del deseo femenino de entablar relaciones con el sexo opuesto.

Baño

En la antigüedad el baño era considerado como un ritual de purificación del cuerpo y el alma. El bautismo es un baño que representa la muerte voluntaria y la resurrección. Cuando se trata de un baño de higiene personal significa un gran cambio a nivel racional o espiritual.

Bañarse en sueños puede indicar por lo tanto el comienzo de una nueva etapa, pero para interpretar correctamente su sentido es necesario analizar las sensaciones que acompañan al hecho de tomar un baño. Si se experimenta regocijo, es señal de salud y prosperidad. Si, en cambio, se experimenta malestar porque el agua está demasiado caliente, demasiado fría o turbia, puede significar problemas de salud o psicológicos.

Baranda

Si aparece sólida y entera indica suerte, protección y sostén. Si está rota o se mueve al apoyarnos en ella, significa amenaza, desilusión y frustraciones. Cuando la baranda forma parte de la arquitectura de un cine, de un teatro o de un lugar de diversión, indica proliferación de amores sin futuro.

Barba

Tradicionalmente, la barba era usada por los sabios, místicos, poetas y demás personas dotadas de una gran espiritualidad y sabiduría. Los sueños en los que aparece gente con barba o en los que somos nosotros mismos quienes la llevamos revelan que nos encontramos en

una situación en la que necesitamos echar mano de nuestras reservas de espiritualidad, energía e imaginación.

Afeitarse la barba significa que ha llegado el momento de lanzarse a la acción para salir de la situación en que nos encontramos. Por el contrario, dejársela crecer es una advertencia para que moderemos nuestra forma de proceder.

Si el soñante es mujer, el crecimiento de la barba significará una disminución de su femineidad y afeitarse implicará incrementar sus atributos femeninos.

Las barbas oscuras presagian éxitos futuros, las barbas blancas remiten al prestigio, la dignidad y la sabiduría. La barba escasa sugiere pocas posibilidades de alcanzar el triunfo aludido en el sueño. La barba teñida indica deseo de engañar y lavarse la barba constituye una manifestación simbólica de inquietud.

Barco

El barco es uno de los medios más antiguos de navegación y, por lo tanto, uno de los que supone mayor peligro. Se trata de un símbolo arquetípico que indica un viaje a través de las aguas del inconsciente. Si tenemos el control del barco, significa que tenemos también el control de nosotros mismos y somos capaces de tomar las riendas de nuestra vida, pero para interpretar correctamente este símbolo, hay que hacerlo en relación con el argumento del sueño.

Si el barco llega felizmente a puerto, es signo de realización y prosperidad. Si naufraga, también lo harán nuestras ilusiones. Cuando no navega por el agua sino que, inexplicablemente, se desliza por la tierra, significa que hemos equivocado el camino y que debemos probar un nuevo sendero.

Barranco

Anuncio de dificultades y obstáculos que nos presentará la vida.

Sortear un barranco: significa que podremos sortear los problemas.

Caer en un barranco: significa que tenemos muchas posibilidades de fracasar en el intento de superar los problemas o que no lo lograremos con poco esfuerzo.

Barreras / barrotes

Dificultades para alcanzar las metas propuestas.

Barrotes cruzados: anuncian penas o enfermedades.

Barrotes rotos: posibilidad de sortear con éxito las dificultades.

Construir nosotros mismos una barrera: indica que la imposibilidad de alcanzar lo que deseamos está en nosotros mismos.

Barrera derribada antes de terminar el sueño: anuncio de peligro para nosotros o para nuestros seres queridos.

Mantener el equilibrio sobre la barrera: anuncia el éxito gracias a nuestra perseverancia.

Barro

Tiene dos sentidos antagónicos. Si se trata de arcilla a partir de la cual es posible crear diferentes formas y figuras, el barro alude a la creación. Si, en cambio, se trata de una sustancia desagradable que sólo sirve para ensuciar, es un indicio de que seremos presa fácil de las pasiones bajas.

Baúl

Su significado se corresponde con el de armario, ya que la función que cumplía el baúl en otra época era la de servir de complemento al armario. Los sueños con baúles son hoy poco frecuentes y, cuando acontecen, su significado es asimilable al de armario.(Ver Armario.)

Bautismo

Iniciación, muerte y resurrección. El agua del bautismo puede simbolizar el mundo de los sentimientos y emociones o expresar la necesidad de purificación.

El bautismo puede realizarse a través de diferentes elementos. Con agua, representa la inmersión en el inconsciente y las emociones. Mitológicamente, el bautizo con agua significa la creación de una nueva personalidad en un plano de espiritualidad superior. En la alquimia representa la solutio, el rejuvenecimiento del espíritu, la energía. El bautismo con vino significa la separación de lo verdadero de lo falso; con aire, indica desarrollo intelectual. Con fuego significa purificación. También el bautismo con sangre tiene un sentido purificador, aunque a él se añade una connotación adicional: la redención, el sacrificio de Cristo para salvar a la humanidad.

Soñar con el bautizo de un niño presagia la llegada de un nuevo amor. Si se trata del bautizo de un barco, significa la realización de un viaje en un futuro próximo.

Beber

Beber agua significa conectarse con el inconsciente, anuncio de salud y prosperidad. (Ver Agua.)

Beber alcohol indica escasa autoestima o deseo de olvidar. Si la bebida alcohólica es vino, puede ser el anuncio de tiempos de prosperidad.

Animales que beben, especialmente palomas o pavos reales: anuncia que recibiremos la gracia del Señor.

Berenjena

Ver o comer berenjenas augura penas y sufrimientos.

Berros

Ver o comer berros augura mejoría de cualquier tipo: económica, profesional o de salud.

Bicicleta

La bicicleta se mueve a partir de nuestro propio esfuerzo. Soñar con una bicicleta, por lo tanto, simboliza la autonomía y puede indicar que nos encontramos en una etapa de la vida en que debemos actuar por nuestros propios medios, sin depender de los demás y confiando únicamente en nuestros propios recursos.

Boca

En su sentido positivo, simboliza la creatividad. En su sentido negativo, la fuerza destructiva de la Diosa Madre, ya que una boca es capaz de devorar.

La boca se relaciona, además, con nuestra capacidad para expresarnos. Una boca cerrada, ya sea nuestra o de otra persona, alude por lo tanto a un rechazo profundo que impide la comunicación.

Bóveda

La bóveda que aparece en los sueños simboliza nuestra posición social y nuestro estado psíquico, por lo que todos los significados que de ella se derivan hay que entenderlos como una analogía.

Bóveda destruida: sensación de ruina interior, destrucción de nuestros proyectos económicos.

Bóveda oscura: interior sombrío y sombrías perspectivas económicas.

Bóveda iluminada: luz interior y posibilidades de brillar a nivel económico.

Bruma

Ver el paisaje o las personas envueltas en brumas constituye una advertencia para que seamos prudentes al tomar una decisión.

Buey

Simboliza la paciencia, la fuerza, el trabajo y el sacrificio.

Buey brillante y de grandes cuernos: augurio de abundancia material.

Buey sin cuernos o con cuernos chicos: augurio de pobreza.

Buey delgado o dormido: augurio de pobreza.

Buey muerto: augurio de desgracias.

Ser atacado por un buey: presagio de enfermedad.

Buitre

Alude a enemigos peligrosos o augura situaciones adversas. Ver un buitre: advertencia para que estemos alertas ante posibles dificultades o pérdidas.

Ser atacado por un buitre: indica que el mal presagio del sueño se cumplirá inexorablemente.

Matar o herir a un buitre: indica que el mal presagio del sueño puede ser evitado.

Buscar

Si lo que buscamos en el sueño es un objeto material, esto indica que tendremos algunas dificultades, pero que no serán graves. Si, en cambio, buscamos a una persona, significa que tenemos deseos de encontrarnos con ella o que presentimos que puede sucederle algo, ya sea positivo o negativo.

Cama

Relaciones sexuales, intimidad, matrimonio, pero también enfermedad y muerte, según el contexto en que aparezca y sus dimensiones.

El tamaño de la cama está en relación directa con la importancia que le otorgamos a la sexualidad en nuestras vidas. Una cama inmensa aludirá a una preocupación obsesiva por el sexo, mientras que una pequeña reflejará desinterés. Ordenada y bien arreglada denota armonía sexual con la pareja y desordenada expresa lo contrario. Una cama grande al lado otra pequeña presagia separación. Si la cama está ubicada en una habitación oscura puede tratarse de una advertencia de enfermedad. Si está vacía es una alusión a la muerte de alguien.

Caja

Como la cartera, simboliza el contenido de nuestra psiquis, especialmente los secretos y represiones.

Abrir una caja: revelar los contenidos reprimidos del inconsciente.

Cáncer

Soñar con esta enfermedad no indica que la padezcamos o que vayamos a padecerla. Se trata de una manifestación de ansiedad frente a un problema que nos llena de miedo.

Canasta o Cesta

Símbolo de la Diosa Madre y del útero, fertilidad y abundancia. Soñar con un cesto o una cesta indica plenitud y renacimiento espiritual.

Canibalismo

Comer carne humana significa ingerir la fuerza vital de otra persona. En la antigüedad, los guerreros comían el cuerpo de sus enemigos para apropiarse de sus virtudes. Soñar que comemos carne humana, por lo tanto, pone en evidencia nuestro deseo de incorporar algunas características de nuestra víctima. Delata también, de manera simbólica, el deseo de nutrir el espíritu.

Carta

Soñar con cartas es muy frecuente y su significado depende de contexto en que aparece la carta en el sueño.

Escribir una carta: expresa la necesidad de recibir noticias.

Escribir una carta con mucho esfuerzo y dificultad: expresa el temor de que las noticias sean malas.

Romper o quemar una carta: anuncia una discusión con una persona querida.

Recibir una carta sin firma: aviso de que nuestra conciencia se siente perturbada por algún problema.

Recibir una carta escrita con letra ilegible: aviso de desacuerdos y desencuentros.

Cartera

Un lugar para guardar nuestras emociones, secretos, represiones, deseos y sueños. En general, soñar con una cartera denota necesidad de mantener algo en secreto, cuidar celosamente su contenido. Espiar en su interior puede tener graves consecuencias, como las que ilustra la leyenda de la caja de Pandora.

Guardar algo en la cartera: poner en orden las emociones de nuestra vida, tratar de solucionar un problema.

Casa

Representación de los aspectos femeninos del Universo. Totalidad psíquica. Los cuartos y dependencias de la casa son los compartimentos de nuestra psiquis.

Las escaleras representan lo intelectual y racional y, por lo tanto, el autocontrol. La cocina alude al proceso alquímico de transmutación. Los dormitorios simbolizan la sexualidad. Los cimientos son la representación del inconsciente.

El exterior de la casa simboliza nuestra apariencia, la imagen que damos al mundo. Las puertas son barreras que impulsan al descubrimiento y al cambio, pero que también nos protegen de lo desconocido.

Cuarto cerrado que esconde algo terrorífico: aviso de que es necesario resolver algún problema pendiente.

Cuartos sucios y sin ventanas: delata un estado psicológico negativo.

Decoración o limpieza de la casa: delata un estado psicológico positivo.

Encontrar cuartos desconocidos: evidencia crecimiento espiritual.

Construir una casa nueva: indica emergencia de un nuevo yo.

Cuartos vacíos: simbolizan pérdidas emocionales ocasionadas por un divorcio o porque los hijos han dejado la casa.

Castración

Denota un sentimiento de culpa con respecto al sexo. Puede simbolizar también el conflicto entre el anima (lo femenino) y el animus (lo masculino).

Cuando aparece en los sueños de un hombre viejo, puede aludir a la disminución de su potencia sexual. En períodos de depresión intensa, la imagen de la castración expresa pérdida de energía. En un hombre joven, puede significar competencia con la mujer en algún terreno específico, por ejemplo, en el laboral.

Cataclismo

Símbolo de la muerte y la resurrección. Soñar con un cataclismo significa que estamos viviendo o viviremos un cambio muy profundo en nuestras vidas. Este cambio puede ser buscado o padecido y, si bien por un lado significará destrucción, por otro nos impulsará a construir de nuevo de una manera más acorde con nuestra realidad.

El cataclismo puede aludir a un hecho personal, como una pelea con la pareja, o a una catástrofe social, como un terremoto. Sólo el contexto del sueño puede aclarar su significado preciso y revelar si sus consecuencias serán positivas o negativas en nuestra vida.

Caverna

Simboliza al útero y a las fuerzas del inconsciente. En la mitología, las cavernas representan el útero de la Gran Madre Naturaleza de la que emanan las fuerzas de la vida. Por eso es común soñar con cavernas durante el embarazo, ya que aluden a la preñez y el nacimiento.

Salir de una caverna: renacer.

Entrar en una caverna: sumergirse en las profundidades del inconsciente.

Vivir en una caverna: gestar un cambio importante en nuestro yo.

Cementerio

El cementerio puede ser considerado como un símbolo del pasado que nos ata y no nos permite avanzar hacia el presente. En los sueños suele reflejar un momento de incertidumbre y de dudas personales ocasionadas por la necesidad de hacer un cambio en nuestras vidas y no constituye motivo de alarma. Soñar con un cementerio en forma recurrente, en cambio, denota una seria alteración emocional que debe ser tenida en cuenta.

Cenizas

Son símbolo de nuestro destino humano que inexorablemente nos impone convertirnos en cenizas. En sueños nos advierten acerca de que los bienes materiales son efímeros y que, por lo tanto, no debemos darles tanta importancia.

Ciego/ceguera

Ignorancia, imposibilidad de ver lo obvio, lo correcto. Puntos de vista estrechos.

Estar ciego: amenaza de catástrofe, aunque creamos estar haciendo lo correcto, en realidad estamos equivocados o depositamos nuestra confianza en alguien que no la merece.

Ayudar a un ciego: significa que nos ocurrirá algo agradable.

Círculo

Símbolo arquetípico de la plenitud, la totalidad, la perfección y el infinito. Representación de la Diosa Madre y su ciclo de nacimiento, muerte y renacimiento.

Los círculos forman mandalas, símbolos de la totalidad. En la alquimia, representan el proceso de la conjunctio, es decir, la integración de los opuestos: espíritu y materia, masculino y femenino. Tienen también una potencia mágica y constituyen una protección universal contra los malos espíritus.

Están asociados con el número 10, que representa la plenitud y la perfección. Si en un sueño un círculo aparece dividido en partes, debe tenerse en cuenta la cantidad de partes en que está dividido y consultar el significado del número. Los objetos circulares que aparecen en sueños -pelotas, anillos, ruedas- deben ser analizados como representaciones del círculo y atribuírseles su misma significación.

Ciudad

Símbolo de lo masculino -principio activo- cuando se la asocia con la construcción y la tecnología. Símbolo de lo femenino -principio pasivo- cuando se la asocia con los museos y las manifestaciones artísticas.

En los sueños, su significado depende del significado que le atribuyamos a la ciudad en nuestra vida, es decir si la consideramos como un magnífico lugar para vivir o como un lugar en el que no nos queda más remedio que desarrollar nuestra existencia. En su sentido positivo, la ciudad es un símbolo de emprendimiento, actividad, vitalidad, oportunidades, creatividad. En su sentido negativo es un símbolo de estrés, confusión, opresión, conformismo, autoritarismo, aislamiento.

Cuerpo

El cuerpo es una unidad física y espiritual. Los sueños sobre el cuerpo o sobre alguna de sus partes ofrecen información sobre nuestro estado físico y espiritual.

Puede no aparecer en el sueño literalmente, sino bajo la metáfora del automóvil o la casa. Las partes del auto y la estructura de la casa representan las partes del cuerpo y sus funciones.

Ver el propio cuerpo sucio: presagia dificultades económicas.

Ver el propio cuerpo hinchado: significa incremento de nuestros bienes.

Ver el propio cuerpo empequeñecido: significa pérdida de salud o de dinero.

Ver nuestro cuerpo partido en dos: separación de nuestros bienes afectivos o materiales.

Cuervo

Pájaro de mal agüero. Advierte que tendremos problemas y calamidades, excepto si el cuervo nos habla, en cuyo caso augura el fin de los males o enfermedades que nos atormentan. El graznido del cuervo anuncia un entierro.

Decapitación

Separación simbólica entre el cuerpo y la cabeza. Los sueños de decapitación son comunes durante las crisis de la mitad de la vida, en la menopausia o durante algunas enfermedades en las que se siente que el cuerpo se vuelve extraño y hostil.

Dedos

Están asociados simbólicamente a los parientes. Los tratados de oniromancia consignan que soñar que nos duele un dedo significa que algún pariente está o estará enfermo.

Dedo con heridas cortantes: anuncia discusiones familiares.

Dedo quemado: anuncia problemas de celos.

Dedo amputado: muerte de un familiar.

Descuartizamiento

No importa quién sea el descuartizado durante el sueño, esta pesadilla es una advertencia de que debemos poner fin a una situación de nuestra vida que amenaza con hacernos perder la salud física o mental.

Dentista

El dentista aparece asociado con las múltiples simbologías de los dientes. Su función es reparar la dentadura, devolvernos algo que se ha dañado o hemos perdido.

Para mucha gente el dentista es una figura de autoridad que produce miedo en tanto remite al temor infantil de arreglarse la boca. (Ver Dientes.)

Defecación

Se trata de la expresión simbólica del acto de

expulsar algo fuera de nuestro ser y no debe ser tomado literalmente.

Desastre natural

Motivo común de las pesadillas que expresa un estado de gran ansiedad y que pone en evidencia nuestro temor de no poder sobrevivir a las exigencias que nos impone la vida. Se trata de sueños en los que aparecen inundaciones, terremotos o huracanes y durante los cuales nos sentimos muy angustiados. Generalmente, el sueño nos ofrece la clave para su correcta interpretación.

Descubrimiento

En los sueños es frecuente descubrir nuevos cuartos en la casa, tesoros, ropa que jamás habíamos visto, automóviles, etcétera. Estos descubrimientos simbolizan el nacimiento de una nueva identidad y por lo general ocurren después de algún cambio grande en nuestras vidas como un divorcio o la pérdida de un trabajo. Aunque estos descubrimientos son vividos en el sueño con cierta inquietud, por lo general indican que el cambio producido contribuirá a nuestro crecimiento espiritual.

Desierto

Espacio en el que pueden tener lugar muchas transformaciones espirituales, pero que puede aludir también a un sentimiento de desolación. Muchos sabios se retiraron a meditar al desierto, por lo que simboliza también la posibilidad del conocimiento.

Padecer sed en el desierto: sentir que nadie nos ama.

Desván

Símbolo del inconsciente. Su aparición en sueños indica que nos aqueja algún problema que hace que surjan todas las cosas que se guardan en un desván: recuerdos de infancia, objetos de otro tiempo, sensaciones olvidadas.

Diablo

Su aparición en sueños es un reflejo de nuestra conciencia aquejada por la culpa debido a una falta real o imaginaria. Debe entenderse como diablo la imagen cristiana tradicional o cualquier ser maligno, sin que importe la representación que tenga en el sueño. No siempre aparece con cola, cuernos y garras, incluso a veces no se deja ver, pero evoca una sensación de terror conocida en la infancia que nos permite reconocer que se trata del diablo.

Diamante

Augurio de buena suerte, ya que los diamantes simbolizan la soberanía, la incorruptibilidad, el valor ante la adversidad. Si la que sueña con diamantes es una mujer, se trata de una promesa de amor y matrimonio.

Dientes

Son uno de los motivos más comunes en el sueño. Los dientes tienen una multitud de significados. El contexto del sueño será el que determine cuál es el más apropiado.

Los dientes pueden ser símbolo de ataque, hostilidad y agresión, pero también de sensualidad y amor. Representan, además, lo masculino. Como parte de la boca, simbolizan el habla, la comunicación.

Perder los dientes: indica sentimiento de frustración, castración y fracaso, temor a la pérdida de la virilidad en el hombre, temor a envejecer en la mujer o, si está embarazada, temor a un parto difícil.

Incisivos: simbolizan la apariencia externa -se ven al sonreír- , la fama y la belleza.

Caninos: simbolizan la agresividad.

Molares: simbolizan la obstinación y la perseverancia.

Digestión

En la alquimia se corresponde con el proceso de dissolutio, disolución de lo que está muerto y descompuesto para que vuelva a nacer. Por lo tanto, en el sueño simboliza la nutrición espiritual que nos revigoriza.

Diluvio

Presagio de un período de desastres y mala suerte, pero que no significará la ruina total, sino el resurgimiento. Las aguas no solo tienen una fuerza destructiva, sino también un poder regenerador.

Disfraz

Enmascaramiento de las verdaderas emociones, deseo de engañar a los demás. Si soñamos frecuentemente que vamos disfrazados, esto significa que consideramos que nuestra "máscara social" es totalmente falsa. Si vemos otra gente disfrazada en el sueño debemos tomarlo como un signo de que esa gente nos engañará.

Dinamita

Temperamento o emociones explosivas. Ser alcanzado por una explosión de dinamita puede significar haber sido injuriado en una situación de alta tensión emocional.

Dinero

Símbolo de las cosas más deseadas, aunque no siempre se refiere a valores materiales. Lo deseado puede ser, por ejemplo, un amor prohibido. También simboliza la energía física.

La acumulación de dinero demuestra un crecimiento positivo en todas las áreas de nuestra vida. Ganar o perder dinero alude a las consecuencias presentes de actos pasados.

En cuanto al valor del dinero, debe analizarse en términos numéricos. (Vér Números.)

Disminución

Soñar que los objetos que nos rodean se vuelven más pequeños implica una disminución a nivel económico. Disminuir paulatinamente la edad hasta regresar a la infancia, en cambio, revela la necesidad de sentirse amado y protegido de las adversidades del mundo.

Disparo

Escuchar un disparo en sueños es una advertencia de que seremos víctimas de maniobras adversas o que nos veremos envueltos en problemas.

Doble

Pares de personas, animales u objetos idénticos. Su aparición en sueños indica hacer consciente algo que no lo era. Puede indicar también la existencia de una dualidad o conflicto.

Doctor

Se trata de una figura de autoridad. En sueños representa el deseo de ser curado tanto física como psicológica y emocionalmente.

Domar

Presagio de éxito y triunfo, excepto que durante la doma se produzca un accidente, en cuyo caso tendrá el sentido inverso.

Dormir

Vernos dormidos en sueños significa que en la vigilia somos demasiado distraídos, que no le prestamos atención a lo que hacemos.

Dragón

Símbolo de las transformaciones psíquicas. Representa la conciencia primordial, lo femenino, el útero, el proceso alquímico capaz de transformar el caos en la piedra filosofal. En sueños simboliza la lucha del espíritu contra los instintos, de las fuerzas de las tinieblas contra las fuerzas de la luz.

Duelo

Augurio de peleas. Si somos nosotros los que nos batimos en duelo, se trata de un anuncio de que discutiremos con nuestra pareja o nuestros amigos. Si presenciamos un duelo, significa que serán nuestros allegados quienes se pelearán entre sí.

Eclipse

En muchas cosmogonías, los eclipses simbolizan monstruos que devoran los cuerpos celestes. Por lo tanto, en el sueño, el eclipse puede aludir al temor de ser devorados por los propios monstruos interiores del inconsciente.

Los eclipses de Sol (intelecto, pensamiento racional) que aparecen en las visiones nocturnas se relacionan más con la vida de la vigilia, es decir, con la conciencia, mientras que los de Luna (intuición inconsciente) se relacionan más con los aspectos sombríos del ser, con el inconsciente.

El fin de un eclipse significa un nuevo comienzo.

Edificar, edificio

Este sueño tiene por lo general un sentido positivo. Indica que, así como en sueños construimos una casa o un edificio, en la vida real también lograremos construir algo.

La construcción que hagamos reflejará nuestro porvenir. Si es sólida y amplia, indicará que nuestros proyectos tienen buenas bases y que lograremos realizarlos y crecer, ya sea a nivel material o espiritual. Si la construcción es pequeña, nuestros logros serán más modestos.

Este sueño tiene un sentido negativo cuando la construcción se derrumba, en cuyo caso constituye una voz de alerta para que revisemos nuestros planes y los analicemos de una forma más realista.

Ejecución

Si somos víctimas de una ejecución, el sueño refleja un sentimiento de culpa que nos atormenta y del que deseamos liberarnos. Si, en cambio, somos los verdugos, revela nuestro deseo de liberarnos de alguien que ejerce su autoridad sobre nosotros.

Ejército

Violencia, augurio de peleas y discordias. Los soldados del ejército simbolizan nuestros aliados en la batalla que emprenderemos. La magnitud del ejército es un índice de nuestras posibilidades de triunfo.

Electricidad

Energía, especialmente energía creativa. La fuerza interior que conduce nuestra vida.

Elefante

Buen augurio, ya que el elefante simboliza la fuerza, la abundancia y la larga vida. Cuando estamos enfermos, soñar con un elefante significa que nos libraremos de nuestra enfermedad. Montar un elefante indica que alcanzaremos el éxito.

Elevación, elevarse

Subir una montaña, un cerro o una colina constituye un motivo frecuente en los sueños. Todas las manifestaciones oníricas en que nos elevamos por encima de la altura normal tienen un sentido común: aluden a un propósito, a una meta que nos esforzamos por alcanzar. Esta meta puede ser de orden material o espiritual.

La clave para interpretar estos sueños reside en la facilidad o en la dificultad con que realicemos el ascenso. Si nos elevamos sin demasiados problemas, es un indicio de que alcanzaremos nuestra meta sin grandes dificultades. Si, por el contrario, el ascenso requiere mucho esfuerzo de nuestra parte, es señal de que encontraremos obstáculos en el camino.

Elevador

Ascensor. Símbolo mecánico de la elevación del espíritu y el intelecto y del descenso hacia las emociones y el inconsciente. Un ascensor moviéndose entre un piso y otro representa la transición entre dos diferentes estados de conciencia o identidad.

Embarazo

La interpretación de este motivo onírico depende tanto de las circunstancias reales como del contexto del sueño. Si en realidad se está embarazada, el sueño no es más que el reflejo de esta circunstancia. Si no se está, el sueño revela el deseo de estarlo o de tener una relación de pareja estable. Si durante el sueño de embarazo se experimenta una sensación angustiosa, esto delata un temor a las relaciones sexuales y a sus consecuencias. Cuando el motivo es recurrente y culmina con un parto difícil, indica un intenso temor a las enfermedades de transmisión sexual y a las enfermedades genéticas.

Encina

Símbolo del conocimiento y la fuerza, lazo de unión entre el Cielo y la Tierra.

Enemigos

La interpretación de este motivo onírico debe hacerse de manera literal.

Vencer a los enemigos: indica que los venceremos en la vida real.

Hablar con los enemigos: significa que solucionaremos sin violencia nuestros problemas.

Enfermedad

Soñar que estamos enfermos expresa necesidad de protección, deseo de volver a la infancia y de liberarnos de responsabilidades. Delata problemas emocionales que nos hacen sentir frágiles y vulnerables.

Engordar

Se trata de un sueño de buen augurio, ya que implica abundancia. Significa que incrementaremos nuestros bienes o que mejorará nuestra salud.

Enterrador

Un motivo onírico con doble significado. Por un lado, ver a un enterrador indica la muerte de algún pariente lejano, que nos producirá dolor. Por otro, indica prosperidad, ya que ese pariente nos legará sus bienes, permitiéndonos aumentar nuestro patrimonio.

Entierro

Este motivo onírico tiene distintos significados, según el contexto del sueño.

Asistir al entierro de otra persona significa triunfar sobre nuestros enemigos. Estos enemigos pueden ser personas reales o nuestros propios sentimientos negativos que nos impiden conseguir lo que deseamos.

Ser enterrado vivo: revela el deseo de alguien de hacernos mal por cualquier medio.

Ser enterrado muerto: presagio de larga vida, felicidad y prosperidad.

Ser enterrado muerto en una tumba: la prosperidad económica nos permitirá comprar una casa.

Enterrar un animal o un objeto: la clave del sueño está en aquello que enterramos.

Enterrar o ver enterrar algo que no sabemos qué es: indica que habrá un cambio profundo en nuestras vidas y que una parte esencial de nuestro ser morirá para dar lugar al nacimiento de una nueva identidad.

Entrañas

En la antigüedad, las entrañas de animales eran utilizadas para ver en ellas el futuro. Como motivo onírico, son un símbolo de felicidad, salvo en el caso de que las comamos, lo que indica que los proyectos capaces de proporcionarnos alegría fracasarán por nuestra culpa.

Entrada, entrar

Entrar a un lugar o ver la entrada es un motivo común en el sueño y simboliza el comienzo de una transición. Cada entrada tiene un matiz diferente. La entrada de una casa alude al yo; la entrada a una caverna, lo mismo que la entrada a un túnel, alude al inconsciente, aunque el túnel tiene un matiz agregado: dificultad, esfuerzo.

Entrada cerrada o con llave: dificultades para realizar la transición.

Entrada abierta: camino libre, sin obstáculos.

Escalera

Acceso a los niveles más bajos y más altos de la conciencia. Subir escaleras para ir a un piso superior, un desván o una torre es un símbolo de trascendencia. Descender escaleras para ir a un piso inferior, al sótano o a una cueva significa sumergirse en el inconsciente.

Subir una escalera tiene sentidos análogos a elevarse. (Véase Elevación, elevarse.)

Escalera de mano: liviana y de utilización eventual, en sueños augura éxitos transitorios o relativos.

Escalera fija: sólida y de utilización permanente, en sueños indica logros perdurables.

Escalera de caracol: indica que nos movemos en un círculo vicioso; por eso, los sueños con este tipo de escaleras suelen resultar angustiosos.

Pasar por debajo de una escalera: posibilidades de sufrir una afrenta o una humillación.

Ver apoyada una escalera contra una pared: señal de peligro.

Levantar una escalera caída: curación de una enfermedad.

Escoba

Presagia problemas con la pareja, revela insatisfacción con las tareas domésticas o temor a no ser querido.

Escorpión

Presagio de traición. El lugar en que se encuentra el escorpión en el sueño indica en qué ámbito de nuestras vidas se producirá la traición.

Escorpión en la cama: infidelidad.

Escorpión en el trabajo: traición de un compañero de tareas.

Escorpión en la ropa: traición de una persona muy allegada.

Ser picado por un escorpión: amenaza de contagio de una enfermedad a través del contacto sexual.

Ver un escorpión muerto: traición descubierta a tiempo.

Esmeralda

Simboliza la inmortalidad, el continuo renacimiento de la tierra. De acuerdo con la tradición bíblica, la esmeralda es una de las cuatro piedras regaladas por Dios a Salomón. De acuerdo con la tradición alquímica, el mítico autor de la Hermética, Hermes Trismegistus, había escrito su tratado de ocultismo sobre una tabla de esmeralda. En la Edad Media se creía que el Santo Grial había sido construido con una esmeralda tomada de la corona de Lucifer.

Espejo

Simboliza el autoconocimiento, la conciencia y la verdad y está asociado con la búsqueda de la autorrealización. Aunque el espejo aparece en sueños de maneras muy diferentes, todas ellas tienen un sentido similar.

Cuando nos miramos en el espejo, todos tendemos a ver ante todo lo que no nos gusta de nosotros y no aquello que nos gusta. En consecuencia, soñar con un espejo significa que hay ciertas cosas que queremos cambiar.

Como la superficie brillante del espejo frecuentemente es utilizada en la adivinación para ver el futuro, los sueños con espejos suelen reflejar nuestro deseo de conocer cosas del futuro o nuestra inquietud con respecto a él.

En la simbología cristiana el espejo está relacionado con la Virgen María.

Mirarse en un espejo: simboliza el deseo de reflejar el yo.

Romper un espejo: indica que tenemos una mala imagen de nosotros mismos, baja autoestima.

Espejo roto: augurio de desgracias.

Espejo empañado: augurio de problemas, aunque no demasiado graves.

Espejo limpio y brillante: indica que nuestros temores son infundados, que las situaciones hipotéticas que nos producen tanto miedo no llegarán a producirse.

Mirarse en un espejo roto: indica que tenemos una imagen distorsionada de nosotros mismos.

Espejo que no refleja nuestra imagen, sino la de otra persona: indica que romperemos con ella o que por alguna otra razón esa persona desaparecerá de nuestra vida.

Este

Punto cardinal que simboliza nuevos comienzos, ya que el Sol sale todos los días por el Este. Su aparición en sueños significa una vuelta a los orígenes, un renacimiento.

Explosión

Algo fuera de control, una arrasadora e impredecible fuerza destructiva. Los investigadores han determinado que son comunes los sueños con explosiones en individuos que sufren de epilepsia.

Fábrica

La interpretación de este símbolo depende del contexto general del sueño.

Fábrica en actividad: augurio de que nuestro trabajo nos proporcionará satisfacciones y dinero seguro.

Fábrica inactiva: augurio de que nuestra economía está en peligro y advertencia de que podemos pasar momentos difíciles.

Faisán

Símbolo de lo femenino, la luz y la exquisitez.

Famosos

Los sueños con gente famosa generalmente están asociados tanto con los méritos, los talentos, las cualidades que estas figuras tienen como con sus defectos y fallos. (Véase Nombres.)

Fango

Símbolo del poder fertilizador, creatividad. En la alquimia puede ser comparado con la materia prima capaz de transmutarse en la piedra filosofal.

En los sueños puede tener también un sentido negativo: presagio de circunstancias desgraciadas, tanto en lo espiritual como en lo material.

Temor de mancharnos con fango: miedo de que nos descubran algún secreto.

Dificultades para avanzar en el fango: augurio de desgracias, expresión de una gran timidez que dificulta nuestra vida social.

Fantasmas

Ver un fantasma en sueños, sobre todo si lleva la típica sábana blanca, augura salud, felicidad y bienestar. Si se trata de un pariente, en cambio, el sueño constituye una advertencia para que estemos atentos a un peligro inminente. Si el fantasma está vestido de negro, debemos temer una traición.

También puede significar algo que pertenece al pasado y algo que es percibido sólo por ciertas personas.

Faro

Soñar con un faro es relativamente común cuando estamos atravesando un período de problemas y dificultades.

Faro encendido: las dificultades acabarán pronto.

Faro apagado: aún no es el momento de que nuestros problemas terminen.

Fecha

Soñar con una fecha determinada es el anuncio de que puede ocurrir algo importante en nuestras vidas. Cada vez que aparece una fecha en un sueño es conveniente tomar nota de ella.

Fiesta

Pese a lo que podría creerse, soñar que vamos a una fiesta tiene significados negativos. Augura que tendremos problemas o que se avecina para nosotros una época muy difícil.

Flagelación

Soñar que nos flagelamos o flagelamos a otro constituye la expresión de que en nosotros o en el otro existe algún desorden, algo perjudicial capaz de influir negativamente sobre nosotros mismos, la familia, o el trabajo.

Flores

Símbolo de la belleza, lo transitorio, los placeres de la vida y la receptividad. Principio femenino.

Las flores son un símbolo arquetípico del alma o del centro místico. La apertura de los pimpollos o capullos simboliza el potencial de la naturaleza, pero también la fragilidad.

Cada especie de flor tiene su simbología propia, de acuerdo con su color y su forma.

Flotar

Estado de pasividad y calma en las aguas del inconsciente. Se trata de un sueño común durante el embarazo.

Foca

La aparición de una foca en sueños pone en evidencia temores de entregarse al amor. Es un símbolo de la virginidad y la castidad, pero no por convicciones morales muy férreas, sino como consecuencia directa del miedo a entregarse a otro ser.

Fosa

Simboliza problemas y dificultades y su interpretación depende del contexto total del sueño.

Saltar por encima: sortear todas las dificultades.

Caer en su interior: augurio de fracaso.

Fosa con nuestro nombre: necesidad de cambiar el rumbo de nuestra vida y las actitudes que tenemos con los demás.

Fotografías

Las fotografías que aparecen en los sueños tienen diversos significados y a través de ellas podemos conocer cosas de nosotros mismos que ignorábamos.

Mirar fotos viejas: rehuir el presente, deseo de permanecer en el pasado.

Tomar fotografías de alguien que queremos: deseo de retenerlo en nuestra vida.

Mirar una fotografía propia: acceder a aquellos aspectos de nosotros mismos que ignoramos, necesidad de auto conocimiento.

Frío

Si soñamos que tenemos frío y en realidad es invierno, el sueño es el augurio de un año excelente, de buena salud y larga vida. Pero si nos encontramos en otra estación ese sueño significará que podemos padecer alguna desgracia o enfermedad.

Frontera

Símbolo de la separación entre dos mundos. Presagia que nos acercamos a un punto de inflexión en nuestra vida: cambiaremos nuestros objetivos o cambiaremos de actividad.

Frutas

Por lo general son símbolos trascendentales que representan la abundancia de la naturaleza, la fertilidad, la prosperidad, la inmortalidad, el autoconocimiento y la esencia espiritual.

Los primeros frutos son los mejores y son aquellos que son sacrificados. Cristo, es el primer fruto. La fruta es ofrecida en rituales mortuorios y por eso se relaciona con el mundo subterráneo, con el inconsciente

Las frutas prohibidas como las manzanas, las uvas y las cerezas son el símbolo de la tentación, los deseos tempranos y el pecado.

(Véase Vegetales y las entradas individuales para cada fruta.)

Fresas

Se relacionan con lo femenino. en sueños indican que una mujer jugará un papel fundamental en nuestra vida, ya que gracias a ella podremos conocer el amor y la amistad.

Fucsia

En sueños la flor presagia traiciones.

Fuego

Purificación, transformación, trascendencia, iluminación. El fuego limpia las impurezas y reduce lo viejo a cenizas para permitir su renacimiento. El Ave Fénix, símbolo de la nueva vida espiritual que renace de las cenizas, es un ejemplo de esta cualidad purificadora del fuego. El proceso alquímico comienza y termina con el fuego (calcinatio). El fuego transforma la oscuridad en blancura.

El fuego representa también la pasión, la fecundidad y el poder sexual. Como la luz, es capaz de cambiar el estado de las cosas. Era el medio de inmolación más frecuente en los sacrificios ofrecidos a los dioses, por lo que en la antigüedad era considerado la frontera entre lo mundano y lo divino. En los rituales y los mitos es frecuentemente equiparado con la sangre. Es también un símbolo de cólera.

Llevar el fuego: ser invulnerable ante una situación determinada.

Ser consumido por el fuego: simboliza la vulnerabilidad y la pérdida.

Ver una hoguera: símbolo de castigo por los pecados y errores.

Tener una experiencia horrorosa con fuego: test de pureza o iniciación espiritual.

Fuente

Fuente de la vida eterna, aguas fecundantes de la vida, el poder de purificación. Las fuentes están asociadas con el poder de dar vida de la Diosa Madre. Representan, además, los secretos profundos y las fuentes subterráneas del inconsciente.

Funeral

El funeral es la ceremonia religiosa que acompaña al entierro y como tal está más ligada al alma del muerto que a su cuerpo. Ver un funeral en sueños significa una advertencia para que recordemos que en este mundo estamos de paso y que sólo nuestra alma es eterna.

Sólo cuando asistimos al funeral de alguien muy íntimo, su sentido es asimilable al de «entierro».

Ver Entierro.

Ganso

Fertilidad, amor, fidelidad marital. Como otros pájaros, el ganso es mensajero del mundo espiritual.

Gato

El gato es la imagen arquetípica del principio femenino (ánima). Representa el misterio, la sutileza, la independencia y el poder. En Egipto era venerado como un animal sagrado.

En los sueños, son un símbolo de sexualidad y sensualidad.

Gato negro: representación simbólica de la mala suerte, problemas sentimentales.

Gato blanco: advertencia de que seremos engañados por alguien que se dice nuestro amigo.

Dar de comer a un gato: anuncio de problemas y rivalidades con la pareja.

Ver un gato "mimoso": aviso de que una mujer utilizará todos sus recursos de seducción para lograr lo que quiera de nosotros.

Gato que araña: infidelidad o peleas con la pareja.

Oír maullar un gato: traiciones o engaños.

Gente

Soñar con gente tiene significados diversos, según sea nuestra relación con la gente que vemos.

Estar apretujados por la gente sin poder movernos: denota timidez, incapacidad para conducir nuestra vida.

Ver a alguien rodeado de gente y no poder llegar a él: deseo de lograr su afecto.

Ver gente sin mezclarnos con ella: augurio de malas noticias o anuncio de grandes cambios.

Ver gente vestida de negro: augurio de desgracia.

Gigantes

Fuerza primordial, fuerza que está fuera de control. Simbolizan la parte oscura del inconsciente. En los sueños representan situaciones de la vida que sentimos que se nos escapan de las manos.

Los gigantes pueden ser bondadosos o malévolos. En la mitología, por lo general, son fuerzas de la naturaleza (lo físico, el cuerpo) que se enfrentan a las fuerzas de los dioses (el espíritu, el intelecto).

Gimnasia

Libertad, liberación, expresión emocional. Regreso a la libertad de movimientos de la infancia. Soñar que hacemos gimnasia es una expereriencia holística que conecta el cuerpo con las emociones.

Globo

Símbolo de la totalidad. Representa al mundo, la soberanía y el dominio. En sueños, simboliza las reglas de nuestro propio mundo interior.

Golpes

Significan problemas pasajeros y peleas cuando los damos o los recibimos; fin de los problemas que nos aquejan cuando no sabemos de dónde provienen.

Gorrión

Ver un gorrión en sueños significa una advertencia referida a nosotros mismos o a otra persona. Lo que se advierte es que nuestra inconciencia o la de otro puede ponernos en peligro.

Gotera

Ver una gotera en sueños indica que nuestras emociones se desbordan de manera inadecuada, que fluyen por donde no deben, igual que el agua de la gotera.

Granizo

Anuncio de pérdidas y calamidades. La magnitud que estos sucesos tengan en la vida real, estará en relación con la magnitud que hayan alcanzado en el sueño.

Granja

Símbolo de la nutrición, fuente de la energía y el poderío económico. El rendimiento de la granja en el sueño refleja nuestra situación económica.

Estar de visita en una granja: advertencia para que cuidemos nuestra economía.

Granos

En general, simbolizan el ciclo del nacimiento, la muerte y la resurrección; fertilidad, abundancia y prosperidad.

Grieta

Ver una grieta en sueños es un anuncio de pérdidas. La magnitud de la pérdida está en relación directa con la magnitud y la ubicación de la grieta.

Grillo

Augurio de felicidad, tranquilidad y paz en el hogar.

Gris

Símbolo de humildad, neutralidad, penitencia.

En la simbología cristiana es el color que representa la muerte del cuerpo, para ganar la inmortalidad del espíritu.

En el simbolismo cabalístico, representa la sabiduría: los sabios son figuras vestidas de gris.

Gritar

Los gritos indican peligro. Oír gritos en sueños constituye una advertencia de que algo malo está por suceder. Cuanto más próximos y elevados sean los gritos, tanto mayor será el peligro.

Querer gritar en un sueño y no poder hacerlo, significa que el peligro está próximo y se relaciona directamente con nosotros.

Grotesco

Los sueños en que aparecen seres humanos grotescos reflejan una gran ansiedad. Por lo general, ocurren antes de acontecimientos muy importantes en nuestra vida. Antes de una boda, por ejemplo, es común soñar que nuestra pareja de pronto adquiere una apariencia grotesca y esto obedece a la preocupación de que el matrimonio sea feliz. Soñar que ha nacido un niño grotesco es común durante el embarazo y este sueño no es privativo de la mujer, sino que puede tenerlo cualquiera de los dos integrantes de la pareja. En este caso, es la expresión del temor de que el bebé pueda tener alguna malformación o enfermedad.

Grupos

La aparición en sueños de grupos étnicos, raciales, nacionales o culturales representa las cualidades, atributos y características que asociamos con esos grupos. La asociación puede ser personificada por un solo individuo representante de un grupo.

Los grupos también son la representación del inconsciente colectivo.

Gruta

La aparición de una gruta en sueños tiene un sentido benéfico, puesto que la gruta es el sitio adivinatorio y terapéutico por excelencia. En la gruta délfica, Pitia develaba sus oráculos y en la gruta de Lourdes hizo su aparición la Virgen.

Guadaña

Simboliza a la vez la muerte y la cosecha, pero aún en este último sentido está ligada a la muerte, ya que el grano obtenido a través de la cosecha está condenado a la muerte, ya sea como semilla o como alimento.

En los sueños la guadaña augura muerte, pero no necesariamente la muerte física, sino también la muerte de algún sentimiento o la muerte de algún estado espiritual que hará posible el nacimiento de otro.

Guantes

Ley y orden, autoridad. En los sueños, los guantes tienen diferentes interpretaciones y para decidirse por una, hay que tener en cuenta otros elementos. Geralmente, otorgan calor y protección y preservan del contacto directo con otra persona, objeto o sustancia.

Guantes blancos: dignidad, pureza de corazón.

Guantes de trabajo: pueden ser asociados con suciedad.

Guantes de niño o mitones: se relacionan con los deseos de la infancia.

Quitarse los guantes: puede representar una conducta agresiva.

Guerra

Conflicto interior muy serio que no puede ser resuelto. Los detalles del sueño suelen arrojar alguna luz sobre la anturaleza del conflicto. Las armas utilizadas en la guerra tienen una simbología particular. Los cuchillos simbolizan la separación. Las pistolas, revólveres, granadas y bombas simbolizan el enojo. Las armas nucleares simbolizan la frustración y el enojo no con personas, sino con ciertas ideas, creencias o conceptos.

Guirnalda

Símbolo de los efímero, ya que durará tanto como duren las flores que la componen. También representa la bienvenida, el homenaje y el festejo.

Guitarra

Soñar que tocamos la guitarra, significa que queremos conquistar los favores de la persona amada. Si es otro el que la toca, significará que es él quien desea conquistar a alguien.

Gusano

Por su capacidad de transformarse en mariposa, el gusano simboliza la transición o la elevación desde un estado inferior a uno superior. En este sentido, presagia cambios positivos en nuestra vida.

Pero también hay gusanos que tienen que ver con los aspectos más bajos de la existencia, con la corrupción y la podredumbre. Estos son los gusanos que están en el interior de las frutas o en el cuerpo de los muertos.

Cuando en el sueño aparece un solo gusano, éste puede significar que en nuestra vida hay una presencia negativa, indeseable.

Hablar

Oír hablar en sueños sin comprender el significado de las palabras o hablar nosotros sin comprender lo que decimos, refleja nuestro temor a ser calumniados.

Hacha

Símbolo del poder, la fuerza y la autoridad. Soñar con un hacha significa que tendremos el poder, la fuerza y la autoridad suficientes para "cortar" con cualquier problema y para vencer los obstáculos que se nos presenten.

Hada

Las hadas son una hermosa creación de la imaginación humana y como tales simbolizan, precisamente, nuestra capacidad para imaginar, proyectar y concretar.

En los cuentos infantiles, las hadas son capaces de otorgar los deseos que se les pidan y éste es el significado más frecuente que tienen en los sueños. Los tratados oniromáticos afirman que soñar con un hada significa segura realización de los deseos.

Halcón

Simboliza la libertad, las aspiraciones, el ascenso en todos los planos: ascenso intelectual, físico y espiritual.

Halcón despedazando una libre: la liebre es símbolo de lascivia, por lo que significa el triunfo sobre los propios deseos impuros.

Halcón volando: proyecto ambicioso que puede darle un giro inesperado a nuestra existencia

Halcón volando de izquierda a derecha: indica que el proyecto será positivo.

Halcón volando de derecha a izquierda: indica que el proyecto puede resultar negativo, haciéndonos regresar a una etapa anterior de nuestra vida.

Halcón encapuchado: revela un sentimiento de opresión, ansias de recibir la luz .

Hambre

Tener hambre en sueños indica que en el pasado lo hemos padecido o que hemos sufrido algún tipo de penuria económica. Cuando el sueño es recurrente, es decir cuando soñamos con mucha frecuencia que tenemos hambre, está referido a otro tipo de apetito: el apetito sexual.

Harina

Símbolo de la abundancia, anuncio de que viviremos holgadamente y que jamás nos faltará lo esencial. Símbolo, también, de la riqueza espiritual.

Heces

El poder personal, la esencia del ser. En algunas culturas las heces son muy valoradas, dado que se las asocia con el oro y las riquezas y, por lo tanto, constituyen un símbolo de la fertilidad, el crecimiento y los comienzos.

En la Alquimia, las heces son el nigredo, lo que en sueños simboliza la oscuridad del inconsciente de la que derivará la claridad.

Herida

Por lo general, las heridas aluden a heridas psicológicas y no físicas. Expresan nuestro temor a que hieran nuestros sentimientos, nuestro orgullo o nuestra susceptibilidad.

Hermanos

Se trata de un sueño de "proyección". Soñar con hermanos, sobre todo si éstos no existen en la vida real, significa transferirle a ellos emociones, cualidades y atributos que en realidad son nuestros. Por lo general, los hermanos que aparecen en los sueños son imágenes especulares de nosotros mismos.

Herradura

Suerte y protección contra el demonio, la mala suerte y la enfermedad. Estas cualidades protectoras de la herradura están directamente relacionadas con los poderes mágicos atribuidos al caballo en la mitología y las leyendas.

Hiedra

Símbolo de la amistad y los afectos sinceros.

Hiena

Como animal carroñero, representa, en contraposición con el halcón, a las bajas pasiones. En los tratados oniromáticos aparece como una mujer fea, vieja y mala, cuyas acciones son repulsivas y perjudiciales.

Soñar con una hiena constituye un aviso de traición. Si le hacemos frente a la hiena y ésta sale huyendo, significa que venceremos al traidor.

Higo

Erotismo, fertilidad y abundancia. Las hojas del higo representan el principio generador masculino, mientras que el fruto representa el principio femenino y a la madre naturaleza.

Para Dionisios, el dios griego que simbolizaba la fuerza vital de la naturaleza, el higo era un fruto sagrado. En la simbología cristiana la higuera es el símbolo del Arbol del Conocimiento en el Jardín del Edén y también el símbolo de la lujuria y la codicia.

Como todas las frutas, el higo predice pérdidas o ganancias según la época del año en que se sueñe con ellos. (Véase Frutas.)

Hogar

Protección, seguridad. El hogar nos resguarda de los problemas del mundo, nos brinda calor maternal.

Dejar el hogar por decisión propia: significa independencia.

Permanecer en el hogar sin salir al mundo: indica miedo a los problemas.

Descubrir nuevas habitaciones: descubrir nuevos aspectos de la personalidad.

Hombre

Significa problemas rivalidades o envidias, a menos que se trate de un hombre conocido, en cuyo caso el significado del sueño dependerá de los lazos que nos unan con el hombre soñado.

Hospital

Símbolo de lo efímero de la vida, que expresa nuestro temor ante la muerte y las enfermedades.

Soñar con un hospital sin estar enfermo es un anuncio de problemas y dificultades ocasionados por los demás. Visitar un hospital sin estar internado significa que estamos involucrados en un asunto que no nos conviene y del que debemos huir lo más rápido posible.

Hotel

En tanto que la estancia en un hotel es temporal, representa la transición. El significado depende del contexto total del sueño.

Vivir en un hotel: revela el deseo de vivir una vida de mayor lujo, de mayor nivel económico.

Ser dueños o administradores de un hotel: deseo de manipular a los demás

Extraviarse en un hotel: expreción de temor porque estamos protagonizando hechos poco habituales, temor a decepcionarnos, remordimiento por una infidelidad.

Huevo

Génesis, comienzo. Del huevo fertilizado por la fuerza creativa e incubado, nace una nueva vida. En el sueño, esto se refleja como la realización de nuevos proyectos, el comienzo de una nueva etapa de la vida, o un nuevo sentimiento. Simboliza los anhelos y la resurrección.

El huevo es un símbolo universal de fertilidad. En la mitología el huevo representa el cosmos primordial, el principio de la vida, la totalidad indiferenciada, la plenitud y el útero de la Diosa Madre. Si es de color blanco, está asociado a la perfección. Como comida, significa nutrición espiritual

En la Alquimia, el huevo es la materia primordial de la que es creada la piedra filosofal.

Humo

En los sueños, el humo suele aludir a la confusión que nos impide resolver nuestros problemas y conflictos. También, indica la existencia de enemigos a los que no conocemos o cuya existencia ni siquiera sospechamos.

Huracán

En las visiones nocturnas, el huracán representa una prueba que debemos superar y de la cual podremos salir derrotados o robustecidos.

Si el sueño está acompañado de sentimientos positivos como autoconfianza, tranquilidad y seguridad, es señal de que superaremos la prueba con éxito, Si, por el contrario, nos sentimos intranquilos, es señal de que tendremos dificultades para superarla o de que el resultado puede ser adverso.

Infidelidad

Los sueños en que traicionamos a nuestra pareja o somos traicionados por ella reflejan ansiedades relacionadas con el sexo. Son frecuentes antes del matrimonio o durante períodos de estrés en los que nos sentimos alejados de nuestra pareja. La función de este sueño es alertarnos sobre la necesidad de dialogar con nuestra pareja y poner en claro los sentimientos que nos unen.

Infierno

Un sueño común que simboliza la fase alquímica de la calcinatio en que lo purificado por el fuego vuelve a nacer. También es el símbolo del inconsciente colectivo.

Soñar con el infierno significa arder y consumirnos en nuestro propio fuego, condena de la que no podremos escapar hasta que no se haya completado la calcinatio, es decir, hasta que el proceso de transformación y renacimiento no se haya completado.

Iniciación

Debe entenderse como sueño de iniciación todo aquel en el que aparece el comienzo de una nueva etapa de nuestra vida: un nuevo trabajo, una transformación espiritual, una nueva forma de relacionarnos con los demás.

Los sueños de iniciación pueden reflejar distintas etapas de un proceso de cambio: la lucha y los temores del inicio, la batalla con los obstáculos que se presentan o el resultado final.

Frecuentemente en estos sueños aparecen ritos y ceremonias: la adquisición de un objeto que tiene una simbología determinada, el descenso a las profundidades, el ascenso al cielo, el cruce de un puente, el cambio de ropa.

Las personas que aparecen en los sueños de iniciación por lo general son arquetipos como la madre, el padre, el héroe, la heroína. Estas figuras son las que ayudan a pasar de una etapa a otra.

La función de estos sueños es confirmar que realmente estamos haciendo un cambio en la vida real o avisarnos de que se producirá un cambio en nuestras vidas y que éste ya ha comenzado a gestarse en nuestra conciencia.

Inmersión

Ver Bautismo.

Inmovilidad

Falta de habilidad o imposibilidad de resolver una situación determinada. También falta de flexibilidad ante los cambios.

Iceberg

Promontorio del inconsciente dentro de la conciencia, indicio de lo que está oculto o reprimido.

Identidad, documentos de

El carné de conducir, el pasaporte y el documento nacional de identidad simbolizan quiénes somos en el mundo. Por lo tanto, perderlos indica confusión o sentimientos negativos sobre nuestra propia identidad, baja autoestima. También puede simbolizar la pérdida de nuestras raíces culturales o religiosas o de nuestros lazos familiares.

Obtener un nuevo documento de identidad, especialmente un pasaporte, indica sentimientos ambivalentes sobre nosotros mismos.

Incendio

En algunos casos soñar con un incendio es un aviso de que existe un peligro real. Por eso la gente que ha padecido un incendio asegura haber tenido sueños en que ocurría un incendio antes de se produjera el hecho.

Cuando no se trata de un aviso de peligro real, el sentido de Incendio es asimilable al de Fuego. El lugar de la casa en que se inicia el fuego tiene gran importancia, ya que cada lugar tiene una significación especial. (Ver Casa.)

Incesto

Como la conciencia se encarga de reprimir el inconsciente, este acto que contradice las leyes elementales aparece poco en sueños. Cuando lo hace, constituye la manifestación de una necesidad excesiva de ser amado por los padres, hijos o hermanos. Para algunos autores es la expresión del «complejo de Edipo».

Incienso

En los sueños es el símbolo de los amores puros y delicados.

Insectos

Miedo, repulsión y suciedad. La humanidad rechaza colectivamente a los insectos y le teme a su habilidad para penetrar en nuestras vidas ya sea de manera individual o en masa. De pequeños, nos producen a la vez fascinación y repulsión.

En algunas mitologías, sin embargo, y también en la teoría de Darwin, son criaturas primordiales, el principio de todas las cosas.

Los sueños en que aparecen insectos constituyen una indicación de que hay que prestarle atención a algo. Las cosas o lugares plagados de insectos indican áreas de la psiquis que han sido descuidadas.

Los insectos también están asociados a cuestiones sexuales o emocionales. En ocasiones, son la expresión de las preocupaciones que nos acosan.

Inspección

Soñar que alguien viene a inspeccionar lo que hacemos indica nuestro temor de que descubran un punto débil de nuestra personalidad o algún secreto que no queremos revelar.

Invisibilidad

Transformarse en un ser invisible para poder observar todo sin ser visto es una de las fantasías infantiles más frecuentes. Volverse invisible en sueños constituye la realización de esa fantasía que nos coloca en una posición ventajosa con respecto a los demás.

Que sea otro el que se transforma en invisible indica el deseo de hacerlo desaparecer, de borrarlo de nuestra conciencia. Lo mismo es válido para los objetos que se vuelven invisibles.

Inundación

Aspectos destructivos del inconsciente, sentimiento de falta de control. Verse a uno mismo en sueños como víctima de una inundación expresa el sentimiento de ser desbordado por las emociones y es un sueño relativamente común en períodos de gran estrés.

La inundación también simboliza el fin de una fase de la vida y la preparación para una nueva. En la mitología, la inundación es el símbolo universal de la muerte del mundo que dará lugar al nacimiento de un mundo nuevo.

Véase Agua.

Invierno

Una estación en que la vida está en estado latente. En los sueños tiene dos simbologías: augurio de épocas de penurias económicas o expresión de la necesidad de replegarnos para volver a la acción con nuevos bríos, tal como sucede cuando termina el invierno y comienza la primavera.

Invitación

Invitar a alguien o recibir invitados indica necesidad de cumplir con las normas sociales, de ocultar los deseos que no pueden expresarse en sociedad.

Ser invitado por alguien, en cambio, expresa el deseo de establecer nuevas relaciones y amistades.

Isla

Por lo general, las islas de nuestros sueños son lugares ideales, semejantes al paraíso, en el que tenemos todas las posibilidades de encontrar la felicidad.

Retirarse a una isla expresa nuestra necesidad de buscar refugio de las presiones del mundo y también el deseo de huir de las responsabilidades.

Cuando la isla está desierta o en ella nos aguardan peligros y seres siniestros, el sueño es la expresión de una timidez excesiva.

Jabalí

Valor, coraje irracional, pero también bajos instintos. En los sueños, por lo general, simboliza el coraje, siendo los bajos instintos atribuidos al cerdo.

Jabón

Soñar con jabón es un buen augurio. Significa que los problemas y malentendidos se aclararán y tendremos la oportunidad de realizar nuevos proyectos sobre bases más seguras.

Jacinto

Símbolo de la amistad y la benevolencia.

Jade

El alma, la fuerza vital del universo. Por su color verde el jade es asociado con las energías de la naturaleza.

Jaguar

Para los nativos de América Central, el jaguar es el guía de las almas y mensajero de los dioses de la selva. También puede ser una de las formas asumidas por los shamanes.

En sueños, representa algunas de las cualidades del animal, como la rapidez, el poder, el sigilo, la cautela y otros atributos felinos.

Jardín

Símbolo del alma, del paraíso celestial y terrenal. Los jardines, especialmente aquellos que tienen flores, representan la belleza, el estado de felicidad ideal del ser. La fertilidad del jardín refleja el estado del alma. Un jardín en flor indica que hay un crecimiento espiritual, mientras que un jardín sin flores o cuyas flores se secan señala que hay que prestarle más atención a nuestro espíritu.

Los jardines simbolizan también el refugio donde es posible estar a salvo y en paz.

Cuando predominan los árboles frutales y no las flores simbolizan el alma vegetal de la humanidad. Si el jardín aparece en el sueño de una persona que padece una enfermedad terminal, constituye un símbolo de la transición entre la vida terrena y la otra vida. En el mito griego los Campos Elíseos -el jardín donde descansaban las almas de los muertos- tenían rosas y vides como símbolo de la inmortalidad.

Un jardín cerrado puede representar la pureza de la Virgen María.

Véase: Flores, Vegetales.

Jarra, jarrón

Símbolo de lo femenino, ya que como las mujeres contienen a otro ser, las jarras son capaces de contener algo en su interior. Ver en sueños una jarra con un líquido noble como agua, vino o aceite presagia abundancia y felicidad. Si el líquido es oscuro y dañino, el presagio es desfavorable.

Jaula

Si la jaula contiene un pájaro, el sueño es de buen augurio. Significa que encontraremos el amor o la amistad que buscamos. Si, en cambio, está vacía, presagia falta de amor o penas sentimentales.

Jazmín

Símbolo de la lealtad y la amabilidad.

Jorobado

Buena suerte si el jorobado es varón; mala suerte si es mujer.

Joyas

Simbolizan la verdad y la sabiduría, son el reflejo de la luz divina.

Buscar una joya significa iniciar una búsqueda espiritual. Poseerla es poseer el conocimiento.

Guardadas en una caverna y custodiadas por dragones o serpientes simbolizan la sabiduría intuitiva depositada en el inconsciente.

Guardadas en un cuarto secreto: representan el saber superior.

Rotas: auguran frustraciones

Deslucidas y sucias: indican problemas de negocios.

Perder joyas: problemas con los bienes personales.

Hallar joyas: encontrarse ante una tentación irresistible

Recibirlas como obsequio: indica que no prestemos ni pidamos nada prestado.

Usar joyas: maledicencia.

Juego

Según el contexto los juegos en el sueño pueden representar la relajación o la competición. Para interpretar su significado es necesario tener en cuenta el tipo de juego de que se trate: solitario, en pareja, en grupo; nuestra actitud hacia él: entusiasmo, rechazo, ansiedad, alegría; el resultado: ganar o perder.

Juez

Ver un juez en sueños refleja nuestra esperanza y nuestro deseo de salir airosos de una situación complicada.

Actuar como juez indica que no sabemos qué camino seguir ante una situación difícil.

Juramento

Hacer o recibir un juramento expresa inseguridad, falta de confianza en aquello que el juramento afirma. Si precisamos que alguien nos jure algo, es porque no estamos muy convencidos de que cumplirá lo que dice. Si somos nosotros los que precisamos jurar, es porque no estamos muy seguros de cumplir nuestra promesa.

Junco

Símbolo de la docilidad, pero también de la inconstancia.

Juventud

La edad con que aparecemos en los sueños indica nuestra edad psicológica. Por lo tanto, soñarse joven indica que nos sentimos psicológicamente jóvenes.

Por lo general, mientras nuestro estado de ánimo es bueno y tenemos planes y proyectos, nos soñamos más jóvenes de lo que somos. Nos soñamos con la edad que tenemos o aun más viejos cuando estamos deprimidos.

L

Laberinto

En la mitología, el laberinto está asociado con la Diosa Madre y representa la iniciación en los misterios de la vida, la muerte y la resurrección. También, es un símbolo de la búsqueda mística.

En sueños representa, en sentido general, la complejidad de la vida, pero también la entereza del alma después de haber pasado por pruebas difíciles y experiencias horrorosas. Puede significar, además, que nos encontramos ante un problema frente al cual tenemos una limitada posibilidad de elección, que estamos confundidos o que nos encontramos ante dificultades y peligros.

Laboratorio

Lugar de experimentación y transformación. Allí el científico o el mago exploran el universo y no dudan en correr riesgos para crear algo nuevo. Los experimentos pueden fallar, pero el científico y el mago se caracterizan por su perseverancia.

Lago

El inconsciente, el principio femenino, el receptáculo pasivo y colectivo de la sabiduría. En los mitos y los cuentos de hadas, el lago es un lugar poblado por seres sobrenaturales y monstruos en el que puede haber peligro, misterio y fatalidades.

Está asociado también con el alma de los muertos, quienes cruzan los lagos para alcanzar el otro mundo o se van a vivir al fondo.

Es una fuente de revelación: el futuro puede vislumbrarse sobre su superficie lisa y brillante.
Ver: Agua.

Lámpara

Luz divina, sabiduría y guía. Arrojar luz sobre un problema o situación que debe resolverse.

La lámpara simboliza también el nacimiento y la muerte, porque su llama se enciende y se apaga. En sueños, el acto de encender y apagar una lámpara puede representar diferentes fases de la vida. Cuando la luz de la lámpara es muy intensa, su significado es coincidente con el de vela.

Véase: Vela.

Lapizlázuli

Piedra sagrada. El templo de Horus estaba hecho de lapizlázuli. Está asociada con la Diosa Madre y la Virgen María. Por su carácter sagrado, atrae los favores divinos, incrementa las cualidades espirituales y favorece la inspiración.

Lechuza

Mensajera de la noche. Soñar con ella constituye un mal presagio. Si en el sueño escuchamos su grito es señal de desgracia, enfermedad o muerte de alguien muy próximo a nosotros.

León

Fuerza y coraje, instintos animales. El león está asociado con la ley, la justicia y la autoridad. Representa el principio masculino.

Libro

Fuente de la sabiduría y la información a través de las cuales conocemos nuestro camino. En el sueño expresa nuestra necesidad de conocer algún aspecto no explorado - y frecuentemente oscuro- de nosotros mismos. Puede simbolizar también el "libro de la vida": una mira-

da restrospectiva en nuestra existencia.

Libro roto: simboliza algo que nos resulta indeseable u obsoleto.

Libro nuevo: está asociado con el comienzo de algo nuevo en nuestra vida.

Libro cerrado o escondido: delata la existencia de un secreto o de algún aspecto de nuetra vida que deseamos mantener oculto

Libro al que le faltan páginas: anuncia que algún episodio de nuestro pasado que deseamos mantener oculto resurgirá en nuestro presente.

Libros esparcidos por el suelo o sucios: denotan proyectos inacabados.

Liebre

Fertilidad, abundancia. Renacimiento, principio femenino. Como símbolo de la abundancia, muchas veces representa el exceso, la lujuria y éste es el sentido que predomina en los sueños. Por sus hábitos nocturnos se la asocia con la Luna, la que, a su vez, es asociada con la intuición.

Limón

El limón es amargo, pero su jugo tiene propiedades curativas. Por lo tanto, indica que algunos momentos amargos que nos depara la vida sirven para fortalecer nuestra salud espiritual.

Llamada

Oír que nos llaman en sueños significa que alguien próximo a nosotros está en peligro y necesita nuestra ayuda.

Llamas

Véase Fuego.

Llanto

Llorar en sueños es presagio de alegría. Si el llanto está acompañado de una sensación de cansancio, indica el fin de una situación de aflicción muy intensa.

Llanura

Soñar con una llanura constituye un augurio de riqueza y felicidad. El paraíso terrenal está descrito en la Biblia como una llanura. También lo son los campos Elíseos de la mitología griega.

Llaves

En la mitología, las llaves son símbolos de iniciación en los misterios espirituales. Tienen el poder de abrir las puertas del conocimiento y la sabiduría, de otorgarnos la iluminación y la ilustración. Guardan, a la vez, las puertas del cielo y el infierno.

Ver llaves en sueños puede significar el hallazgo de la solución para un problema o ser el augurio de momentos de felicidad. Cerrar con llave expresa el deseo de preservar un secreto o de reprimir las emociones.

Lluvia

En sueños todo vínculo con el agua puede ser considerado como un contacto con el inconsciente. Cuando el inconsciente llega a nosotros en forma de lluvia, es porque es necesario que prestemos atención a algo que quizás venimos eludiendo desde hace tiempo. Como no es posible tener el control de los fenómenos atmosféricos ni eludirlos, para el inconsciente la lluvia es el mensajero perfecto.

También está asociada con la fertilidad y la riqueza y cuando en el sueño tiene este sentido es augurio de grandes beneficios materiales.

Lucha

Véase Guerra.

Luciérnaga

Al igual que el gusano, tiene la capacidad de transformarse en mariposa y por lo tanto simboliza la elevación, la transformación. Por la luz que irradian, soñar con luciérnagas augura grandes satisfacciones espirituales.

Luna

La Luna es la Reina del Cielo y, como tal, es símbolo del principio femenino. En la mitología aparece asociada a la Diosa Madre.

En contraste con los rayos del Sol, los de la Luna son mucho más sutiles y cambiantes. Sus fases determinan el flujo de la marea, el flujo de la sangre y la humedad de la vegetación.

Cada mes la Luna muere y después de tres días vuelve a nacer. En sueños representa la intuición, el cambio, el flujo y reflujo de las energías, la renovación. Puede representar, además, el lado oscuro y oculto de la

naturaleza, el inconsciente, lo que está escondido y debemos descubrir. Está relacionada con los poderes emocionales y físicos.

En los sueños tiene significados diversos: Paisaje iluminado por la luna: amor y romanticismo.

Luna nueva: significa que el amor que sentimos aún no está maduro.

Luna en cuarto creciente: significa que nuestro amor es apasionado.

Luna llena: significa entrega total, sentimientos desbordados.

Luna rodeada por un halo: presagio de penas.

Eclipse de Luna: augurio de problemas amorosos, posibilidad de una ruputura.

Luz

Verdad, revelación, iluminación, especialmente como resultado de una fuerza sobrenatural o divina. La luz es conocimiento, sabiduría; la oscuridad, incertidumbre, confusión, reino del demonio.

Representa la conciencia.

En sueños, su interpretación depende del contexto. Si la luz nos hiere los ojos, significa que, a pesar de ver las cosas claras, no confiamos en nosotros mismos. Si la luz irrumpe en la oscuridad, significa que hay esperanzas, que recibiremos la ayuda que necesitamos. Si se enciende de golpe, indica que conoceremos cosas que ignorábamos.

Madona, La

El principio femenino, especialmente en su expresión más alta. La Madona representa también lo animal, el inconsciente femenino. La Madona Negra representa los aspectos oscuros del ánima.

Madre

Un arquetipo del principio femenino: nutrición, protección, vida, pero también destrucción y muerte. La figura de la madre representa, a la vez, el principio y el fin del ciclo de la vida.

Puede aparecer representada por la luna y por la araña. El lenguaje de los sueños cuenta con símbolos indirectos de representación. Por eso, de adultos, rara vez soñamos con la madre como tal.

Discutir con la madre: expresa deseo de independencia.

Mantener con la madre relaciones incestuosas: expresa deseo de volver a la infancia..

Soñar que está muerta cuando está viva: deseo de independencia, de que no intervenga en nuestras decisiones.

Maestro

Hablar con un maestro indica que precisamos consejo. Ser nosotros el maestro, expresa necesidad de superarse.

Malaquita

Piedra con grandes poderes mágicos y protectores. Una leyenda rusa asegura que bebiendo de una taza de malaquita es posible comprender el lenguaje de los animales.

Manos

Una de las partes más expresivas del cuerpo. No existe ningún pensamiento ni sentimiento que no pueda ser expresado a través de las manos.

En el ocultismo son un símbolo de fuerza, autoridad y poder.

La mano derecha es la mano del poder, la que da, la que ofrece. La izquierda es la de la receptividad y la sumisión. En la Alquimia la mano derecha representa el principio masculino, lo racional, el pensamiento. La izquierda representa el principio femenino, la intuición, el inconsciente.

Una mano acompañada de un ojo: indica clarividencia, sabiduría,

Manos abiertas y con las palmas hacia arriba: receptividad.

Manos que aplauden: aprobación.

Manos fuertes y grandes: éxito y progreso.

Manos pequeñas y débiles: impotencia, imprudencia, inseguridad.

Manos blancas y limpias: éxito fácil, que no requiere esfuerzo.

Manos negras y callosas: éxito difícil, habrá que trabajar mucho para conseguirlo.

Manos peludas: imaginación sórdida.

Manos unidas: tensión emocional.

Mirarse las manos: sentimiento de perplejidad.

Manzana

Fertilidad, amor, inmortalidad. Las manzanas representan los dones de la madre naturaleza. En la mitología, son la fruta de lo oculto y lo prohibido y, por eso, en los sueños aluden al inconsciente. Las manzanas de oro son las frutas de los dioses y simbolizan la inmortalidad. La forma redonda alude a la totalidad y la plenitud y el color rojo, al deseo.

Para el cristianismo, la manzana es el símbolo de La Caída, de los instintos bajos y los deseos oscuros.

Margarita

Inocencia, pureza, frescura, luz intelectual, brillo del sol. Las margaritas están asociadas también con la Virgen María y, por lo tanto, son símbolos de inmortalidad y salvación.

Mariposa

Símbolo del alma que indica metamorfosis, transformación, especialmente en algo más hermoso.

Marrón

Color de la tierra que alude a las cualidades de la misma. Significa muerte espiritual y degradación.

Martillo

Lo masculino, la fuerza creadora y destructiva de la naturaleza. Vulcano fue el arquitecto y artista que a golpes de martillo edificó el Olimpo, la morada de los dioses.

También, significa justicia y venganza, esfuerzo por integrarse o integrar a alguien a algún lugar.

Máscara

Deseo de ocultar algo a los demás, si somos nosotros quienes la llevamos. Mirarse en el espejo con una máscara puesta, simboliza el deseo de ocultarnos algo a nosotros mismos. Ver gente enmascarada indica que no queremos aceptar que ciertas personas que conocemos, se comporten de una determinada manera.

La expresión de la máscara, también es un elemento a tener en cuenta para la interpretación del sueño.

Masoquismo

Estos sueños son comunes en períodos de mucho estrés, especialmente en los primeros tiempos de una separación o divorcio. La herida provocada por este hecho es vivida como un castigo permanente que no podemos ni queremos evitar.

Matar

Soñar que matamos a alguien no debe ser tomado en sentido literal. No significa que deseemos realmente que esa persona muera, sino sólo que desaparezca de nuestra vida. Ver matar a otro significa que no podemos comprender la conducta de quienes nos rodean. Ver matar un animal indica que queremos terminar con una situación que nos hace daño. Si somos la víctima, se trata de un sueño de Muerte. Véase Muerte.

Matrimonio

Unión de los opuestos, reconciliación de las diferencias, unión de la materia y el espíritu.

En la Alquimia el matrimonio es representado como la unión entre el sulfuro y el mercurio, la luna y el sol, la plata y el oro, el rey y la reina.

En los sueños, el matrimonio puede ser el motivo que nuestro inconsciente elige para conciliar un conflicto de la vigilia, dado que es, esencialmente, la unión de los opuestos. Soñar con matrimonio revela ansiedad ante el casamiento que aún no se ha llevado a cabo o indica cambios en la relación matrimonial.

Médico

Se trata de un buen sueño, ya que el médico es el que cura, el que sana nuestras enfermedades. Expresa la necesidad de ser atendidos y reconfortados.

Menstruación

Ver Sangre.

Mirto

Principio femenino. Como flor de los dioses, el mirto es una planta mágica que simboliza la iniciación espiritual y la paz. Como está siempre verde, simboliza también la larga vida y la inmortalidad. En la mitología clásica está asociado con Dionisios, dios que representa la fuerza vital de la naturaleza.

El mirto representa, además, la virginidad y el amor.

Mono

Sabiduría, elevación del espíritu. Soñar con un mono constituye una llamada de atención para que nos elevemos a niveles superiores de espiritualidad.

Montaña

Símbolo arquetípico del yo. Escalar una montaña es un motivo común en sueños, cuentos de hadas y mitos, y significa realizar un ascenso espiritual. El ascenso esta asociado con lo masculino, con el intelecto y el pensamiento racional, con los héroes y guerreros que persiguen la verdad y la justicia. El descenso, en cambio, con lo femenino, es decir, con las emociones y el instinto.

Soñar con una montaña significa, también, encontrarse con un obstáculo. Escalarla es un augurio de que lograremos sortear el escollo que se interpone en nuestro camino.

Mosca

Símbolo de la suciedad, la mosca está asociada a los sentimientos impuros, el pecado, la corrupción y la pestilencia.

Véase Insectos.

Muerte

Los sueños en que aparece la muerte no anuncian la muerte física, sino que representan la destrucción de algo en nuestras vidas, por ejemplo, un amor, una amistad, una pasión, una virtud. La muerte es transformación, tránsito de un estado a otro, por eso los sueños en que aparece la muerte generalmente ocurren en momentos de transición en nuestra vida. Por medio de su figura tomamos conciencia de que algo, debe morir para que pueda nacer algo nuevo. También puede simbolizar nuestro enojo con alguien.

Muerto

La aparición en sueños de una persona muerta tiene una función consoladora y nos ayuda a aceptar la desaparición física de quien amamos. Si el sueño es recurrente, indica que nos quedó algún problema sin resolver con la persona muerta.

Muñeca

Nostalgia de la niñez, si el que sueña es un adulto. Aislamiento y falta de comunicación, si el que sueña es un niño. Expresa también necesidad de ser querido y cuidado, y deseo de escapar de las preocupaciones y las responsabilidades.

Muralla

Obstáculo, pero también protección contra los ataques. A diferencia de la montaña, que tiene el mismo sentido, el muro no puede ser escalado. Para sortearlo, es decir para sortear el obstáculo que representa, debe ser derribado.

Murciélago

Soñar con murciélagos es de mal augurio. Significa que recibiremos malas noticias o viviremos acontecimientos desgraciados. También, puede representar la culminación de un determinado ciclo de nuestra vida.

Museo

Lugar colectivo que representa el pasado de una cultura. En los sueños alude al pasado personal y a la memoria de los sucesos importantes de nuestra vida.

Música

Representa las emociones y el alma. El significado del sueño depende del contexto:

Componer música: significa abrirse a nuevas experiencias emocionales.

Escuchar música: presagio de felicidad.

Nabos

Símbolo de la mediocridad.

Nacimiento

Surgimiento de un nuevo Yo o de algún nuevo aspecto de nuestra vida (un nuevo amor, una nueva amistad, un nuevo hogar, un nuevo sentimiento).

El recién nacido que se parece a alguien conocido por nosotros simboliza la adquisición por nuestra parte de alguna o algunas de las características observadas en esa persona.

Véase Niño, Parto.

Nadar

Desplazarse a través de las aguas del inconsciente. Si podemos avanzar por el agua sin dificultad y alcanzar la orilla, el sueño indica que alcanzaremos también los objetivos que nos hemos propuesto. Si tenemos dificultades, en cambio, indica que no lograremos con facilidad lo que queremos. Aprender a nadar significa que aún estamos inseguros en el manejo de nuestras pasiones y sentimientos.

La turbulencia de las aguas puede ser tomada como un índice de la turbulencia de nuestras pasiones.

Naranja

Color de la ambición, el egoísmo, la crueldad y la lujuria. Como también es el color de las llamas, puede significar la purificación.

Narciso

Por crecer en lugares húmedos y florecer en

primavera, está relacionado con la fecundidad. Pero también se planta sobre las tumbas, lo que lo relaciona con la muerte.

En relación con el mito de Narciso que cae en las aguas por contemplar en ellas su belleza, la flor está asociada con la egolatría, la vanidad y el amor excesivo hacia uno mismo.

Su simbolismo es complejo y para entender el significado que tiene en el sueño hay que tener en cuenta las emociones que lo acompañan durante el mismo.

Nariz

Curiosidad, instinto e intuición. Es un motivo poco frecuente en los sueños de los adultos y bastante frecuente en los de los niños.

Naufragio

El hecho de naufragar en sueños debe ser interpretado de manera casi literal, es decir como el aviso de que naufragarán nuestros proyectos y esperanzas.

Negro

El aspecto sombrío de Dios, la naturaleza o el Yo. Estos aspectos oscuros pueden aparecer representados en el sueño por gente vestida de negro, animales o monstruos negros y por fuerzas destructivas de la naturaleza como las tormentas, los tornados y los huracanes. En la Alquimia, el negro es el nigredo, la oscuridad que precede a la luz espiritual. Representa también a las fuerzas pasivas, el principio femenino, el inconsciente.

Es frecuente soñar con este color después de la muerte de un ser querido o de un divorcio. En este sentido indica emociones no resueltas. Si el que sueña tiene una enfermedad terminal, el negro puede ser la expresión de su miedo a la muerte física. También es común soñar con este color durante los estados depresivos.

Nenúfar

Augura problemas pasionales como venganzas o celos. Es expresión de belleza y de pasiones ardientes.

Nido

Símbolo del hogar. Lleno es presagio de felicidad. Vacío, por el contrario, augura sufrimiento y soledad.

Niebla

No poder ver una situación claramente. Sentirse confundido, perdido, desorientado. Como el aire es el símbolo del intelecto y del pensamiento racional, para muchos autores la niebla simboliza la falta de claridad de pensamientos.

Otro de los significados que se le atribuyen es el de representar la materia prima del mundo, lo indiferenciado.

Nieve

Sentimientos, talentos o habilidades que están congeladas o bloqueadas. Ausencia de emociones, frío y soledad en el alma. La nieve derretida indica que un corazón frío comienza a entibiarse. Por lo general soñamos con nieve cuando atravesamos un momento de dolor y soledad.

Niñera

Deseo de ser socorrido y confortado espiritualmente. La niñera simboliza nuestra propia alma, es la figura femenina que tiene la capacidad de darnos protección.

Niño

Renacer del yo, surgimiento de algo nuevo en la conciencia, nuevas posibilidades, estado de inocencia y pureza.

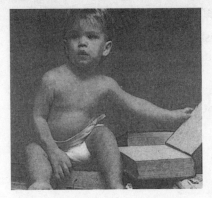

Los sueños con niños son comunes durante el embarazo en ambos integrantes de la pareja. Olvidar a un niño refleja la ansiedad ante el hecho de convertirse en madre o padre y el deseo de eludir esa responsabilidad. Insultar o realizar actos de violencia contra un niño significa vulnerabilidad, dependencia, necesidad de ayuda.

Cuando se producen fuera del período del embarazo, los sueños con niños pueden significar un deseo de volver a la infancia. Si este tipo de sueño es acompañado por un fuerte sentimiento de angustia, es un indicio de que nuestro inconsciente nos advierte sobre la imposibilidad de nuestro deseo: volver a la infancia es una utopía.

Noche

Lo desconocido, lo que está lleno de peligros. Representa el terror al mundo desconocido del inconsciente, pero también la oscuridad protectora del útero. En los sueños, tiene un sentido positivo cuando aparece en ellos la luna. En todos los demás casos soñar con la noche expresa tristeza e indecisión y anuncia peligros.

En la Alquimia la noche simboliza la oscuridad que precede al nacimiento de la luz.

Nombres

Generalmente los nombres de persona que aparecen en los sueños están asociados a figuras famosas o mitológicas o remiten a sus cualidades y características. Por ejemplo, el nombre María puede ser el símbolo de la

Virgen María o de Madona, el principio femenino o ánima. (Ver Madona.) No tener nombre en un sueño significa ser indistinto, indiferenciado, no tener cualidades o atributos.

Norte

Caos primordial, oscuridad, noche. El Norte está asociado con el invierno y la vejez.

Nubes

Tienen un significado doble. Representan, por un lado, la confusión, el estado de completa infelicidad o la oscuridad de la falta de entendimiento. En este sentido, en términos alquímicos las nubes representan el nigredo, la infelicidad que precede al surgimiento de una nueva conciencia. Por otro lado, representan la luz.

En la simbología cristiana, las nubes son producidas por el demonio, quien cubre con ellas la tierra para sembrar la confusión y el caos.

En los sueños, el aspecto de las nubes es fundamental en la interpretación. Un cielo con nubes constituye, en general, un mal presagio, pero los males anunciados serán más graves o más leves en relación con el color y el espesor de las nubes.

Nudo

Según el contexto, el nudo indica restricciones o libertad.

Como sirve para mantener la unión, simboliza la continuidad, la conexión, la unidad, pero también las ataduras, la sumisión.

Nudos flojos: representan la libertad, la salvación y la solución de los problemas.

Cortar un nudo: significa elegir una solución rápida para un problema o elegir el camino más corto para la realización espiritual.

Nuez

Sabiduría y verdad. Símbolo de la fertilidad y la fuerza generativa. En el simbolismo cristiano, la nuez representa el alma.

En los sueños, representa los objetivos difíciles de conseguir ya que comer una nuez es un placer al que sólo se puede acceder después de haber logrado romper su cáscara.

Números

Símbolos arquetípicos que representan el yo, la dinámica de la psiquis y las etapas del crecimiento y el desarrollo. Tienen un rol preponderante en los mitos y en la Alquimia.

Los números soñados pueden ser considerados de maneras muy diferentes, como una alusión a acontecimientos pasados o a edades. Por ejemplo, el número 3 puede estar referido a algo que nos aconteció hace tres años o cuando teníamos 3 años. También pueden ser interpretados como cantidades de gente, animales u objetos. Además, pueden aparecer «escondidos», por ejemplo, en las figura geométricas (el cuadrado tiene 4 lados iguales, el triángulo tiene 3 lados), o disimulados en ciertas fases (una estación del año que dura tres meses; los números impares están asociados con lo femenino, mientras que los números pares están asociados con lo masculino.

Oasis

El oasis es el lugar en donde es posible saciar la sed y descansar del agobiante calor del desierto. En el sueño el oasis tiene el mismo sentido, lo que hace que la interpretación de este motivo sea simple.

Ver un oasis en sueños es vislumbrar un sitio en el que podremos descansar de las presiones cotidianas. Si lo divisamos a lo lejos significa que nuestro esfuerzo pronto encontrará la merecida recompensa y que podremos relajarnos.

Obesidad

Baja autoestima y aislamiento. Forma de resguardarse del contacto íntimo con los demás. Sin embargo, soñar que engordamos en un sueño puede significar también que se incrementará nuestro patrimonio. La interpretación en un sentido o en otro dependerá del contexto del sueño.

Oca

Al ser un pájaro que lleva mensajes entre la Tierra y el cielo, simboliza la felicidad y del destino.

Ojos

Símbolo arquetípico con múltiples significados. Los ojos simbolizan al alma. En la mitología, los ojos son sagrados, porque representan el conocimiento, la luz, la protección y la estabilidad.

En Oriente, el ojo derecho representa al sol (la inteligencia, el espíritu) y el ojo izquierdo representa a la luna (la intuición, el inconsciente).

En sueños, los ojos indican la manera de ver las cosas.

Ojos ciegos, ojos vendados o de visión poco aguda: simbolizan una visión parcial del mundo y miedo a ser engañados, impotencia ante ciertas situaciones.

Ojos con gafas: simbolizan la necesidad de ayuda para ver las cosas con claridad.

Mirar fijo a los ojos a alguien: miedo a revelar lo que deseamos mantener oculto.

No mirar los ojos que nos miran: sentimiento de culpa.

Consultar al oculista: deseo de compartir con alguien nuestros problemas para que nos ayude a resolverlos.

Problemas en la vista: falta de coraje para enfrentar los hechos.

Olas

En un sentido amplio, el mar, como todo lo que tenga relación con el agua, es símbolo del inconsciente. Las olas altas, majestuosas, que rompen con furia contra los acantilados aluden, precisamente, a la irrupción de nuestro inconsciente y nos avisan de peligros próximos, sobre todo de orden pasional.

Las olas suaves, capaces de mecernos sin sobresaltos, son la expresión de una actitud pasiva antes la vida. Indican que dejamos que sean las circunstancias las que decidan, en vez de decidir nosotros.

Caminar sobre las olas es un sueño de buen augurio, ya que simboliza nuestro triunfo sobre las dificultades.

Ollas

Cazuelas. Símbolos del hogar y lo doméstico, presagian problemas familiares a las mujeres casadas. Si una mujer soltera sueña con cazuelas, significará que siente temores sobre cómo será su vida de pareja en el futuro.

Onix

Piedra que simboliza la fuerza espiritual

Opalo

Los romanos le atribuían poderes proféticos. En la Edad Media se creía que el ópalo confería la posibilidad de ser invisible.

Operación

Soñar con una operación constituye un aviso de que debemos "cortar" drásticamente con algo que nos hace daño. Para interpretar correctamente este motivo onírico hay que tener en cuenta el órgano que se corta. Si se trata del corazón, por ejemplo, el sueño alude, sin duda, al área afectiva y es probable que indique que debemos poner distancia con alguien que no nos conviene.

Orejas

Al igual que la boca, las orejas están ligadas a la comunicación, ya que nos sirven para escuchar las palabras de nuestros semejantes y los sonidos del universo. Son símbolo de felicidad o de desgracias según sean pequeñas y bellas o grandes y desagradables. En algunos casos, como cuando aparecen cubiertas o tapadas por una gorra o por las manos, tienen una connotación sexual: significa que no queremos que nuestros deseos sexuales salgan a la luz.

Orgías

Este motivo onírico revela que nos sentimos insatisfechos sexualmente o que estamos cansados de acatar las restricciones sexuales que nos impone la vida en sociedad. En un sentido más amplio, esta interpretación se extiende a otras áreas de la vida: estamos cansados de acatar las normas, de seguir una rutina, de ajustarnos a la ley.

Oro

Sol, luz divina, iluminción, estadio más alto de la gloria. En la Alquimia, metal en que pueden devenir todas las sustancias merced a la Piedra Filosofal. También, símbolo de lo celestial. Principio masculino del cosmos.

Encontrar oro: sueño de buen augurio, especialmente si lo encontramos bajo la forma de un tesoro.

Excavar para encontrar oro: señal de que no encontraremos la felicidad que buscamos, porque la buscamos en el suelo, es decir, en el sitio equivocado.

Buscar oro en el río: revela inseguridad respecto a la nobleza de los propios sentimientos.

Perder oro: anuncio de que seremos engañados o estafados.

Fabricar oro: indicio de que perseguimos ideales utópicos que nunca alcanzaremos. En su sentido positivo, este sueño se relaciona con la Alquimia y significa que podremos transformar positivamente las circunstancias negativas de nuestra vida.

Ortigas

Símbolo de traición y lujuria.

Oscuridad

Muerte, destrucción, disolución. También caos y caos primordial. La oscuridad es el nigredo, fase de la alquimia en que lo viejo es destruido para que surja lo nuevo. Estar perdido en la oscuridad significa "tener la noche en el alma", es decir, estar confundido y obnubilado; pero también indica que estamos viviendo un proceso de reorganización interior del que nacerá un nuevo yo.

En su sentido positivo, la oscuridad es el útero del renacimiento espiritual, ya que invariablemente precede a la luz. Simboliza, además, al inconsciente. Los "monstruos que habitan en la oscuridad" son los miedos que nos acosan desde el inconsciente, impidiéndonos la libre satisfacción de nuestros deseos.

Oso

Símbolo de los instintos, de la pasión animal. Representa a nuestros peores enemigos, aquellos capaces de destruirnos. Si se trata de un ejemplar hembra, en cambio, el motivo onírico está relacionado con lo femenino y lo maternal y revela deseos infantiles de protección, mimo y cuidado.

Otoño

Metáfora onírica de la declinación de la vida, cuya función fundamental es templar nuestro espíritu preparándolo para la vejez. Soñar que comienza el otoño o que caminamos por un paisaje otoñal en el que predominan los tonos ocres, constituye, si somos jóvenes, el aviso de que la juventud no durará siempre. Si estamos entrando en la madurez, el motivo onírico nos ayuda a aceptar que estamos entrando en una etapa de declinación.

Oveja

Sueño de buen augurio.

Ver un rebaño: anuncio de riquezas.

Tomar una oveja del rebaño: obtener un beneficio de manera rápida.

Llevar una oveja sobre los hombros: augurio de grandes éxitos.

Oír balar una oveja: indica que contaremos con ayuda para realizar nuestros proyectos.

Padre

La aparición de la figura del padre en los sueños, simboliza la disciplina, la autoridad, la tradición, la moral, la ley y el orden, el poder y la ambición. En los mitos, el padre es la conciencia. También representa el aire y el fuego, elementos del intelecto y el espíritu, opuestos al principio femenino, es decir, a la intuición y los instintos.

A veces, la figura del padre puede remitir literalmente a nuestro propio padre o al padre de alguien que conocemos. Para interpretar el sueño hay que tener en cuenta las características personales del padre que aparece en él.

Pájaro

Símbolo del alma. Alude a un nivel superior de la conciencia, a la transcendencia y a la amistad.

En la mitología, los pájaros son los mensajeros de los dioses y los encargados de las almas de los muertos. Por lo tanto, soñar con pájaros puede representar la apertura hacia un Yo Superior o la indagación en el mundo del inconsciente.

En general, los pájaros son símbolos solares y representan el principio masculino. Sus alas aluden al vuelo del intelecto. Además, están asociados al Arbol de la Vida.

Si se trata de pájaros acuáticos, aluden al inconsciente y al principio femenino. Los pájaros negros son anuncio de enfermedad o muerte, aunque no necesariamente de la muerte física, sino, por ejemplo, de la muerte de nuestro viejo Yo. Los pájaros carroñeros simbolizan la fuerza destructiva de la Gran Madre Naturaleza.

Pasto, Prado

Metáfora de sumisión a otros, permitir que "nos caminen por encima". También, facilidad para adaptarse flexiblemente a las situaciones nuevas.

Pelea

Tensiones interiores no resueltas. El sueño es el resultado de un conflicto entre nuestra conciencia y nuestro inconsciente. Los conflictos constituyen la condición constante de la vida, pero nosotros no podemos ser conscientes de cada uno de ellos. Por eso, el sueño se encarga de "avisarnos" que algo que ha sido reprimido, una parte de nosotros mismos que desconocemos, puja por salir a la luz y reclama nuestra atención. Por lo general, este tipo de sueños nos ofrece la clave para resolver la tensión.

Véase Guerra.

Pelo

Fuerza, vitalidad, virilidad. También pensamiento, mente e intelecto. El tipo de pelo arroja luz sobre el significado del sueño.

Pelo suelto: libertad.

Pelo atado: sumisión.

Pelo largo: como en el mito de Sansón y Dalila, representa la fuerza.

Pelo largo y suelto en una mujer: virginidad, pureza.

Pelo largo con serpientes: símbolo de la fuerza destructiva de la Diosa Madre.

Pelo despeinado: anuncio de dolor.

Cortarse el pelo: renunciar a algo, como los monjes que se hacen la tonsura, renuncian a la vida mundana; perder la fuerza.

Pelo en el cuerpo: bestialidad, animalidad.

El color del pelo le agrega un matiz significativo.

Pelota

Armonía, plenitud. Símbolo de la fertilidad y la nutrición, Diosa Madre.

Soñar con una pelota puede significar la rememoración de la infancia, la necesidad de resolver un problema, el deseo de relajarse y de jugar.

Perla

Principio femenino. En el Renacimiento se creía que las perlas nacían de la interacción entre el mar y la Luna, por lo que se las asociaba con las fuerzas lunares de la intuición, la emoción y el inconsciente.

Perro

Los perros son guardianes, compañeros y protectores, y tienen a la vez atributos positivos y negativos. Los atributos positivos son la lealtad, la protección, el amor incondicional, el coraje. Los atributos negativos son la suciedad y los instintos bajos.

En los mitos, el perro es el encargado de guiarnos por los mundos oscuros paralelos al real, lo que oníricamente equivale al mundo del inconsciente.

En sueños, el perro puede mostrarnos cuál es la decisión correcta a tomar, y lo que nos indique puede no coincidir con lo que nosotros pensamos. Cuando no existe coincidencia entre una cosa y otra es necesario analizar nuevamente el problema. El perro también puede indicar acciones incontroladas o ceguera ante los errores. Por lo general, pone en evidencia el deseo de ser amado y protegido.

Pez, pescar

El pez es el contenido del inconsciente. El inconsciente, a su vez, es simbolizado por medio del agua. El pez es, además, un símbolo de fecundidad por la gran cantidad de huevas que deposita la hembra. En este sentido, y por estar asociado con el agua, está asociado también con la Madre Naturaleza.

Por su forma simboliza, además, al falo. Como símbolo de Cristo, alude a la redención.

Intentar pescar peces pequeños con la mano: temor a desilusiones sentimentales

Peces muertos o que nadan fuera del cardumen: soledad, tristeza, desconsuelo.

Pez grande: temor de ser agredido, amenaza de sufrir graves pérdidas morales o materiales.

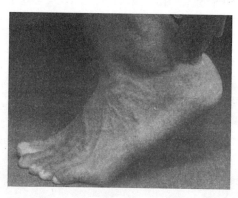

Pie

Movilidad, libertad de movimientos. El pie es el soporte fundamental del cuerpo, la plataforma sobre la que nos paramos en el mundo.

Representa los pasos que daremos para otorgarle una determinada dirección a nuestra vida, ya sea de manera acertada o equivocada.

El pie es también un símbolo fálico. Además, representa la humildad y la reverencia, de donde proviene la práctica de ciertas religiones de lavarlo y besarlo.

Pie descalzo: actitud despreocupada.

Pie en un zapato estrecho: restricciones o limitaciones.

Huellas: "dejar marca". En la mitología, las huellas señalan el camino de los dioses, son el rastro de sus incursiones en la tierra.

Calzado: liberación de la esclavitud, símbolo de estatus.

Plata (color plata)

Color de la luna y, por lo tanto, asociado con las emociones y la intuición. En oposición al oro, representa el polo femenino de la dualidad cósmica. En la Alquimia, se identifica con la luna.

Pluma

Símbolo de la verdad, la sabiduría y el alma. En los sueños, su significado es coincidente con el significado que tienen los pájaros.

Véase Pájaros.

Presidente

Figura de suprema autoridad. Es el que tiene el poder de hacer cumplir las leyes.

Prisión

Soñar que estamos en una prisión indica que nos encontramos limitados en nuestra capacidad de opción. También, que necesitamos refugiarnos de las presiones exteriores.

Puerta

Oportunidad y elección. La puerta es un lugar de paso que debemos franquear y plantea la disyuntiva de si podremos cruzarla o no. Por eso, es común soñar con puertas cuando nos enfrentamos a un cambio profundo en nuestras vidas.

En la mitología, las puertas que unían y separaban los diferentes mundos estaban custodiadas por varios animales fabulosos, como Cerbero, el perro de tres cabezas, encargado de cuidar la puerta del Hades. El objetivo de estos animales era no permitir la entrada a los no iniciados. También, en los sueños las puertas pueden estar flanqueadas por animales o monstruos. Los perros, los dragones y los animales alados son los que aparecen más frecuentemente por estar relacionados con la transición.

Enfrentarse con muchas puertas: tener frente a uno diversas oportunidades y no saber por cuál decidirse.

Puerta cerrada: un área misteriosa que debe ser explorada.

Puerta que no se abre aunque golpeemos con los nudillos en ella: indica que aún no es el momento de encontrar la solución a nuestro problema.

Puerta abierta: un rayo de luz en las tinieblas, una esperanza en una situación crítica.

Puerta con llave: miedo a descubrir algunos aspectos oscuros de nuestra personalidad.

Puerta demasiado baja y estrecha: indica que nos costará muchos sacrificios salir de la crisis en que estamos inmersos.

Púrpura

Es el color de los dioses, de la realeza, del poder imperial, la pompa, la justicia y la verdad. En el simbolismo cristiano, significa humildad y penitencia.

Q

Quemadura

Presagio de enfrentamientos que podrían culminar en la pérdida de una vieja amistad, de dinero o de bienes inmuebles.

Quimera

Monstruo mitológico con cabeza de león, cuerpo de cabra y cola de dragón que arroja fuego por la boca. Se trata de una creación imaginaria surgida, según Jung, del inconsciente colectivo. En los sueños, nos advierte que nuestra imaginación excesiva puede implicar un riesgo, que nuestras fantasías no nos serán útiles en la vida diaria.

Rama

Simboliza el triunfo de la vida y del amor. La paloma le llevó a Noé una ramita de olivo para indicarle, precisamente, que el diluvio había terminado.

Rana

Símbolo de la fertilidad y el erotismo. Las asociaciones con el agua y la lluvia la transforman en un animal lunar (la Luna rige las lluvias, las mareas y todas las aguas) y, por lo tanto, en una compañera de la Diosa Madre. En este sentido, la rana representa la resurrección y el continuo ciclo del nacimiento, la muerte y la resurrección. Simboliza, además, las fuerzas del inconsciente.
Véase Animales, Luna.

Rata

Símbolo de enfermedad e infortunio, muerte y decadencia. En el folklore europeo está asociada a seres sobrenaturales, malévolos como demonios.
Como figura alegórica alude a engaños y trampas.

Ratón

Principio masculino. Fuerzas y poderes ocultos.

Rayo

Simboliza la intervención del cielo sobre la tierra, el poder de la divinidad. Ver un rayo en sueños significa que en nuestra vida habrá un cambio sustancial. Este cambio puede tener un sentido positivo o negativo, según el contexto del sueño. El más frecuente es el sentido negativo, ya que los rayos son una suerte de castigo divino por nuestros pecados.

Red

Tiene dos sentidos contrapuestos. Puede simbolizar el deseo místico de atrapar con la red a la divinidad o ser el reflejo de alguna imposibilidad, de algo negativo que nos aprisiona y no nos deja actuar.

Estar atrapado dentro de una red: ser víctima de una situación de la que resulta imposible escapar.

Pescar con una red: intento de retener nuestro pasado, nuestros sentimientos y nuestro recuerdo. Por lo general, este sueño va acompañado de un sentimiento de frustración porque, al igual que los peces, el pasado suele escurrirse.

Reloj

Símbolo del devenir de la vida. El reloj "contiene" el tiempo que nos toca vivir. Las metáforas que se derivan de este sentido general, son de fácil interpretación.

Ver un reloj parado en una hora determinada: mal augurio, indica que la vida puede detenerse.

Un reloj que atrasa: señal de que debemos acelerar nuestro ritmo de vida.

Un reloj que adelanta: señal de que no debemos vivir tan apurados.

Un reloj que funciona bien, pero que señala una hora determinada: la hora que señala tiene un sentido preciso en el sueño que es necesario interpretar en relación con el contexto general del sueño. Si señala una hora temprana, puede significar que nos encontramos en los comienzos de algo, que aún tenemos muchas oportunidades en la vida. Si señala una hora tardía, puede indicar lo contrario.

Reptil

Uno de los símbolos oníricos más comunes y uno de los que tienen un significado más complejo. Se trata de un tipo de animal con gran poder de cambio y transformación.

Para Jung, los reptiles, especialmente las víboras y la serpientes, son símbolos arquetípicos que representan la energía física, el poder, el dinamismo, los instintos, la transformación física y espiritual.

En los sueños, los reptiles nos anuncian que en nuestra vida hay algo que cambiar. Por lo general, se trata de cambios que tememos pero que, de realizarlos, significarían un gran avance a nivel material o espiritual. También, aluden a nuestra vida instintiva.

En la mitología, los reptiles son seres mágicos y místicos, símbolos universales de la renovación. Al tomarse la cola con la boca, representan la eternidad, el eterno ciclo de la vida, la muerte y la resurreción.

Como símbolo fálico, los reptiles son asociados frecuentemente con el embarazo, además, el embarazo constituye en sí mismo un proceso de transformación.

Resbalar

Resbalar en sueños pone en evidencia un sentimiento de inseguridad y temor. Son una advertencia de que no pisamos terreno seguro.

Rey

Símbolo arquetípico de la autoridad. Generalmente se trata de un personaje muy severo. La palabra del rey es ley y sus órdenes deben ser obedecidas sin discusión.

En la mitología, el rey es literalmente el motor de su pueblo. Por eso, cuando el rey es justo y sabio, la nación prospera y cuando el rey falla, la nación se ve perjudicada. Algunos ritos de fertilidad exigen el sacrificio del Rey, quien fertiliza la comarca derramando su sangre. Un Rey y una Reina juntos simbolizan la perfecta unión.

En sueños, frecuentemente, la figura del Rey representa el poder y el autoritarismo del padre y toda figura masculina de autoridad: el jefe, el empleador, el amante, el esposo, las instituciones de gobierno. En el ejercicio de su poder, el rey puede ser justo y sabio o cruel y tiránico.

Rojo

Color de la sangre, de la vida, el cuerpo y la pasión. También alude a la naturaleza animal del hombre, al materialismo y la fertilidad. Es el color del fuego y, por lo tanto, está asociado a la energía, el calor y el coraje.

En el arte cristiano medieval, el rojo representaba el amor y la caridad. En la Alquimia, corresponde al estado sulfúrico en la creación de la Piedra Filosofal y representa la sublimación, los sufrimientos y el amor.

Romper

Augurio de rupturas en otro plano de nuestra vida, indica que podemos protagonizar enfrentamientos y discusiones. Tiene también un sentido positivo cuando lo que se rompe es algo que nos oprimía: un nudo, una cuerda, un cinturón.

Ropa

Representa la apariencia, la imagen que queremos dar ante el mundo. También representa la profesión y el enmascaramiento, ya que la ropa puede hacernos aparecer como lo que no somos. Soñar con ropa es más frecuente en las mujeres que en los hombres.

Cambio de ropa: cambio de dirección en nuestra vidas,s e inicia un nuevo ciclo.

Ropa sucia de excrementos: remite al proceso alquímico capaz de transformar la sustancia más baja en oro y, por lo tanto, se relaciona con el crecimiento espiritual.

Persona conocida con ropa muy diferente de la que usa: anuncia cambios importantes en esa persona e, incluso puede ser tomado como una premonición de muerte.

Rosa

Color de la sensualidad, las emociones, lo material. Los Gnósticos lo consideraban el color de la resurrección. También se asocia con el amor.

Como flor, la rosa es símbolo de la riqueza del alma.

Rubí

Símbolo de la sangre, la pasión, la vida y la longevidad.

Rueda

Dinamismo, cambio, curso de la vida, estaciones. Como el círculo, la rueda simboliza la plenitud, la totalidad, la armonía.

En la Alquimia representa la circulatio, la rotación del universo, el ascenso de la humanidad hacia Dios y el descenso de Dios hacia la humanidad.

En un nivel mundano, representa la Fortuna, la Oportunidad, a la que pintan con un solo pelo del que hay que atraparla cuando pasa girando sobre la rueda de la Fortuna.

Como representación de la totalidad, la rueda tiene en los sueños un significado positivo que puede tornarse negativo. Por ejemplo, soñar que viajamos en un vehículo al que se le sale una rueda, constituye un augurio de males futuros. Una rueda chirriante nos indica que encontraremos obstáculos en nuestro camino. Una rueda que gira silenciosamente, en cambio, nos augura hechos positivos en nuestro futuro.

Ruinas

Las ruinas siempre aluden de manera casi literal a otras ruinas: ruina espiritual, moral o material, sobre todo cuando aparecen acompañadas de un sentimiento de tristeza, cansancio o depresión.

Cuando se trata de un monumento del pasado, en cambio, que ha permanecido intacto a través del tiempo, el sueño se refiere a la perdurabilidad de nuestras obras y, en este sentido, constituye un buen augurio.

Sabio

En los sueños aparece a menudo representado como un anciano y por lo general nos da algún mensaje que debe ser interpretado de manera literal.

Sacerdote

Motivo onírico semejante a Sabio. Por lo general en el sueño expresan nuestra necesidad de ayuda espiritual ante alguna circunstancia que nos preocupa o nos aflige.

Sal

Pureza, incorruptibilidad del espíritu, poderes espirituales y morales. Desde la antigüedad, la sal ha sido utilizada para contrarrestar los poderes del demonio.

En la Alquimia, simboliza la unión del agua y el fuego.

La sal del mar representa la inmersión del individuo en lo absoluto. En la comida, especialmente en el pan, indica hospitalidad y amistad.

Saltar

Sueño de buen augurio, ya que simboliza que así como nos elevamos en el sueño nos elevaremos socialmente.

Si debemos saltar obstáculos, en cambio, el significado cambia. Significa que también deberemos sortear obstáculos en la vida real.

Sangre

Símbolo de las emociones, el alma, la fuerza de la vida. Representación de los ideales más elevados.

Donar nuestra sangre en sueños significa el deseo de compartir nuestras emociones, de ofrecer nuestro espíritu. Perder sangre es dejarse llevar por las emociones. Recibirla es recibir apoyo emocional, alimento para nuestra psiquis. La sangre que surge como consecuencia de un hecho de violencia manifiesta que estamos dominados por las emociones. La sangre menstrual alude a la sabiduría, la fertilidad y la intimidad espiritual.

Ver, Bautismo, Fuego, Vino.

Sauce

Simboliza la tristeza, pero también la inmortalidad, porque es de hoja perenne.

Sed

Expresión de un deseo muy profundo de nuestro inconsciente, de un deseo que, por su magnitud, puede tener características místicas.

Seda

Se trata de un sueño de ropa con connotaciones eróticas. Para interpretarlo correctamente hay que tener en cuenta el color de la seda. Si es blanca expresará deseo de matrimonio; si es negra, erotismo desbordado. En todos demás casos, tendrá el matiz del color de que se trate.

Semillas

Expresión de la vida, aquello que tiene la posibilidad de ser, pero que aún no se ha manifestado. Soñar con semillas, por lo tanto, es augurio de creatividad, fecundidad, expansión. El lugar en que sembramos la semilla y las alternativas de su evolución tienen una importancia relevante en la interpretación.

Senos

Símbolo de la maternidad y de la fecundidad. Si una mujer sueña con senos, es posible que éstos sean un anuncio de embarazo. Si es un niño el que sueña, en cambio, son un símbolo de protección y cuidado. Si se trata de un hombre, el sueño puede tener una connotación erótica o revelar el deseo de volver a la infancia

Serpiente

Ver Reptil.

Sexo

Es el símbolo de dos energías que confluyen. Frecuentemente, el encuentro amoroso entre dos personas del mismo sexo es interpretado como una expresión de homosexualidad. Sin embargo, esto constituye un error, ya que expresa la necesidad de fortalecer nuestra energía con otra energía similar a la nuestra.

En ciertas ocasiones, los sueños sexuales son metáforas de emociones reprimidas, especialmente de sentimientos eróticos. Los sueños sexuales con personas de la misma familia no deben ser analizados en su sentido literal, sino como un intenso deseo de acercamiento.

Silencio

El silencio que se produce en los sueños tiene dos sentidos diferentes. Si estamos soñando con algo muy íntimo y de pronto nos sobrecoge un silencio absoluto, esto indica que tenemos un intenso sentimiento de culpabilidad. Si, en cambio, nos encontramos rodeados de gente y aun así el silencio es total, el motivo onírico expresa nuestro temor a la indiferencia de los seres que amamos.

Sirenas

Animales mitológicos con torso de mujer y cola de pez. Si nos remitimos al antiguo mito de las sirenas que cantaban para atraer a los viajeros y devorarlos, este motivo onírico tiene el sentido de un engaño, una trampa, una tentación irresistible. Por lo tanto, constituye una advertencia de que deberemos ser fuertes, tal como lo fue Ulises.

Sofocarse

Sofocarse en sueños expresa un estado de restricción, de limitación de nuestras posibilidades de elección.

En el último trimestre del embarazo es relativamente común soñar que nos encontramos en una pequeña habitación y que nos sofocamos. Este sueño debe ser interpretado como el anuncio del nacimiento inminente.

Sol

Vida, energía, luz de la conciencia y el intelecto, ojo que todo lo ve. El dios sol es el héroe, el emperador celeste. La puesta del sol significa la muerte del héroe. El nacimiento del sol simboliza la expulsión de las sombras de la noche y de las sombras del inconsciente.

Soñar con un sol naciente es indicio de felicidad y prosperidad. Cuanto más claro sea el sol, mayor será la abundancia de bienes que nos prodigue.

Sombrero

El sombrero cubre la cabeza y, por lo tanto, está relacionado con los pensamientos. Cambiar de sombrero en un sueño significa cambiar de idea o de opinión.

En psicoanálisis, el sombrero ha sido considerado como un símbolo sexual relacionado con el órgano genital masculino, pero éste no es el sentido más frecuente con que aparece en los sueños.

Ponerse un sombrero ridículo: sentimiento de que hacemos algo ridículo sin darnos cuenta y que todo el mundo lo percibe menos nosotros.

Sombrero de copa: símbolo de presunción.

Gorra militar: autoritarismo.

Subterráneo

Símbolo colectivo del inconsciente.

Suciedad

La suciedad refleja en los sueños un sentimiento de culpa. La culpa nos hace sentir interiormente "sucios". Pero si no somos nosotros los sucios, sino que lo es otra persona, el sueño indica que tememos algún peligro inminente.

Ver Basura.

Suicidio

Sueño poco frecuente que pone en evidencia un profundo estado depresivo. Indica el deseo de suprimir algo de nosotros que no nos gusta. Si este sueño es recurrente, puede ser la expresión de un trastorno psicológico al que debemos prestarle atención.

Tarta, Torta

En las comunidades primitivas se trata de una ofrenda común a los dioses y al espíritu de los muertos. Comer una tarta en sueños evidencia la necesidad de nutrir nuestro espíritu. Este significado es común para la comida en general.

Teléfono

Comunicación con el inconsciente y con los seres que nos rodean. Que alguien nos corte la comunicación telefónica en sueños expresa temor al rechazo y al abandono.

Tierra (La)

El centro de la vida, la diosa Madre en su triple aspecto de nacimiento, vida y muerte. Representa también el centro cósmico y es símbolo de fundación, solidez y firmeza. Alude a lo femenino, al principio pasivo del universo.

Simboliza el plano físico y material de la existencia, el cuerpo y las expresiones físicas. Su aparición en sueños puede significar un énfasis excesivo puesto en las cosas materiales o, por el contrario, poco interés por el aspecto material de la existencia.

En la antigüedad, la tierra era considerada el elemento más bajo del desarrollo espiritual, a partir del cual se podía ir ascendiendo, por medio de la purificación a los otros elementos: el agua, el aire y el fuego.

Tigre

Símbolo de los instintos y posibilidad de que nuestros instintos dominen nuestra razón y nos destruyan.

Tijeras

En el sueño pueden significar la muerte, dado que son el instrumento con que una de las tres Parcas corta el hilo de la vida que las otras dos se encargaron de hilar y medir.

Tilo

Símbolo de la amistad y la fidelidad.

Timón

Metáfora de la conducción de nuestra vida. Ser un buen timonel en el sueño indica que conducimos nuestra vida en la dirección correcta. Si somos malos timoneles, el motivo onírico tiene el sentido inverso.

Tinta

Tiene dos sentidos contrapuestos. Por un lado constituye un augurio de prosperidad. Por otro, si se derrama, es un símbolo de penurias.

Títere

Símbolo de los seres que son manipulados por otros.

Manejar un títere: indicio de que manipulamos o queremos manipular a los demás.

Convertirse en títere: indicio de que alguien nos está manipulando.

Topacio

Símbolo del sol.

Tormenta

Fuerza destructiva de la naturaleza, símbolo de las emociones y los instintos. Puede ser el indicio de emociones reprimidas que necesitan ser expresadas. Las tormentas traen agua, por lo que remiten a las fuerzas del inconsciente.

Toro

Símbolo de las fuerzas instintivas. El mítico minotauro devoraba a las doncellas y a los jóvenes que le eran ofrendados para calmar su ira. Por lo tanto, el toro significa también destrucción y el sentido que tenga en el sueño debe ser deducido de su contexto.

Ver un hermoso toro: símbolo de energía y autoconfianza.

Que nos persiga un toro: temor a quedar a merced de nuestros impulsos destructivos.

Tórtola

Símbolo de la fidelidad y el amor.

Tortuga

Símbolo de longevidad y serenidad. También es símbolo de protección, dado que su caparazón le sirve de resguardo.

Torre

Símbolo masculino del intelecto. Nido de sabiduría, pero alejado de la tierra. En este sentido, por su alejamiento de la tierra, también es un símbolo femenino de las emociones. Dominio exclusivo al que sólo tienen acceso unos pocos. También lugar de reclusión y de castigo.

El psicoanálisis la considera un símbolo fálico y una metáfora del padre.

Trabajo

El trabajo simboliza la obligación y la actitud

que adoptamos frente al mundo. Su interpretación depende del contexto. Cambiar de trabajo o perderlo puede indicar que nos encontramos en una etapa de transición.

Trébol

Símbolo de la Trinidad y, por lo tanto, buen augurio.

Tren

Símbolo colectivo del viaje por la vida a través de una senda prefijada. En este sentido, la vías son el símbolo del destino y la fatalidad.

Perder un tren: sueño que denota angustia y expresa la imposibilidad de aceptar las posibilidades que la vida nos ofrece, porque algún problema nos atormenta y no nos permite actuar con libertad.

Locomotora: símbolo del Yo y también de la fuerza del destino que nos arrastra adonde quiere, sin que podamos hacer nada para impedirlo.

Tren que descarrila: significa el desmoronamiento de nuestros planes, el fracaso.

Tren que nos embiste: sentimiento de fracaso absoluto y también temor de perder algún bien espiritual muy importante.

Trigo

Augurio de prosperidad y de fertilidad. La cantidad de riqueza obtenida será proporcional a la cantidad de trigo con la que soñemos. Si vemos trigo sobre la cama es señal de embarazo.

Trueno

Voz de los dioses. Poder creativo y fertilizador, ya que la lluvia llega después del trueno. También enojo y furia divina.

Tumba

Pasado que está "muerto y enterrado". También pensamientos de muerte, agonía de algún sentimiento.

En la alquimia la tumba es el símbolo del nigredo, la fase del proceso alquímico que representa la muerte y destrucción de un viejo orden para permitir el nacimiento de uno nuevo, abriendo así paso al crecimiento espiritual.

Túnel

Símbolo de la travesía por la vida, camino tortuoso que debemos hacer para·alcanzar la luz o para alcanzar alguna meta lejana.

Los túneles largos y estrechos son característicos de las pesadillas y expresan un estado de intensa angustia. Es común soñar con túneles cuando estamos a la espera de una noticia importante.

Túnica

Símbolo del alma. Para entender el sentido de este motivo onírico es necesario tener en cuenta el contexto del sueño. La túnica puede aparecer manchada, en cuyo caso habrá que determinar la sustancia de la mancha y el color de la misma; rasgada (símbolo de las heridas recibidas) o quemada (consecuencia de una pasión demasiado intensa).

Turquesa

Buena suerte, éxitos.

Umbral

Al igual que la puerta, simboliza la transición entre dos lugares diferentes o dos mundos distintos. Cuando este motivo aparece en un sueño, además de este significado general debe tenerse en cuenta la actitud que tenemos frente al umbral.

Quedarse parado frente al umbral, sin cruzarlo: indica que aún no estamos preparados o decididos a iniciar una nueva etapa.

Cruzar el umbral: iniciar una nueva etapa. Si se trata del umbral de un templo: ponernos bajo la protección de Dios.

Uniforme

Representa una profesión o disciplina determinada. Cuando se trata de un uniforme militar puede aludir a un peligro inminente. Si nos vemos a nosotros mismos con un uniforme mal puesto o incompleto, el sueño revela que somos víctimas de presiones sociales o familiares.

Urraca

Presagio de malas noticias, generalmente de robos o calumnias.

Uvas

Sabiduría y verdad. También fertilidad, abundancia, vida y renovación de la vida. En los mitos clásicos están asociadas a Dionisios o Baco, dios de la vegetación y la naturaleza que presiden la vida eterna y el éxtasis de la vida.

En sueños, las uvas representan la cosecha de los dones de la vida. Las uvas que se utilizan para hacer el vino están asociadas con el sacrificio y la sangre de Cristo. Ver Frutas, Vino.

Vampiro

Símbolo del ansia irrefrenable de vivir, aun a costa del sacrificio de los demás. Si en sueños somos atacados por un vampiro, esto indica que existe alguien que quiere absorber nuestra energía, "chuparnos la sangre". Si, en cambio, nos vemos convertidos en vampiros, el motivo onírico significa que nos hemos dejado devorar por nuestros apetitos más bajos.

Vegetales

El reino vegetal es utilizado como metáfora de inactividad, falta de vitalidad, baja inteligencia, ausencia de emociones, falta de futuro, melancolía y mal humor. Pero el simbolismo de los vegetales es mucho más profundo y se hunde en el origen de la humanidad y la naturaleza.

La raíz de la palabra significa lo contrario de la inactividad: significa animación, vigor, vida, crecimiento, frescura. El concepto de alma vegetal que nutre todas las cosas vivientes proviene de la Grecia clásica, de donde pasó a la Hermética y a las filosofías alquímicas del Renacimiento. La humanidad era concebida por los alquimistas como una unidad tripartita que incluía lo vegetal, lo animal y lo racional. El alma vegetal nutre a la racional y es la mediadora entre la conciencia y el inconsciente.

Los vegetales están asociados con los misterios de la muerte y la resurrección. Muchas sociedades primitivas celebran ritos en torno a ciertas comidas totémicas.

En los sueños los vegetales tienen connotaciones muy profundas. En un sentido amplio simbolizan la conexión de la familia con sus raíces ancestrales.

Comer vegetales: nutrir el espíritu.

Crecimiento de vegetales: indicio de fertilidad y abundancia.

Vegetales silvestres: desorganización y caos.

Vegetales congelados: falta de animación espiritual.

Vegetales procesados: destrucción parcial o total de los nutrientes que alimentan nuestro espíritu.

Velas

Las velas son el símbolo del alma humana y de la luz espiritual. Han sido utilizadas en rituales desde hace siglos para repeler a los malos espíritus. Constituyen la representación simbólica del esfuerzo del espíritu por vencer con su propia luz las sombras que lo acechan.

En los sueños, significan el triunfo de la luz sobre las sombras que se apoderan del espíritu en tiempos de incertidumbre, y pueden aludir también al nacimiento de algo nuevo.

Vela con luz firme: denota un espíritu firme.

Vela con luz temblorosa: problemas de salud o inestabilidad emocional.

Vela que se apaga: advertencia de agotamiento y de que es preciso que tomemos un descanso.

Veleta

En los sueños constituye una advertencia. Significa que no debemos dejarnos vencer por la indecisión y las dudas.

Vello

Véase Pelo.

Ventana

Símbolo de la conciencia, perspectiva desde la que contemplamos el mundo. También apertura hacia niveles superiores de la conciencia.

Ver por la ventana un paisaje agradable: esperanza de felicidades futuras.

Ver sólo oscuridad a través de la ventana: futuro incierto.

Sentir cómo penetra la luz y la claridad a través de la ventana: tener una actitud receptiva frente a quienes nos rodean.

No atrevernos a asomarnos a la ventana: miedo a realizar algo, temor de que alguna acción incorrecta por nuestra parte pueda perjudicarnos.

Ventana enrejada o con cortinas: denotan alejamiento de la realidad.

Ventanas cerradas e imposibilidad de abrirlas: restricción, imposibilidad de elegir entre varias alternativas diferentes.

Entrar o salir por la ventana: indicio de que hemos tomado una decisión equivocada, que no estamos en el camino correcto.

Verano

Presagio de que los proyectos que tenemos entre manos llegarán a realizarse. Los sueños en los que vemos acontecimientos desdichados con respecto a nuestro futuro atenúan su significado negativo si la acción transcurre en verano, por tratarse de la estación de la plenitud.

Verde

Un color con diversos significados, tanto positivos como negativos. Puede ser cálido o frío, según predomine en él el amarillo o el azul. En sueños, su interpretación depende del contexto.

En su aspecto positivo, el verde es el color del crecimiento, la esperanza, la renovación, la frescura, el vigor y la armonía. Es la metáfora del mundo natural y de la forma en que el mundo es percibido. Es también la sangre del mundo vegetal. También es el color de la pasión, desde el amor de Afrodita al éxtasis de Dionisios. En la cromoterapia es el color que se utiliza para refrescar y vigorizar y es utilizado como antídoto de la fatiga y el insomnio.

En su aspecto negativo es el color de la decadencia, la muerte, la podredumbre, el moho. Es el color de las deidades y seres sobrenaturales del mundo de los muertos, de la envidia y de la amargura.

Otros significados asociados al verde son: inocencia, ingenuidad e inexperiencia.

Vestíbulo

Conexión con el inconsciente. Los vestíbulos oscuros son símbolos de la gestación y por eso es común soñar con vestíbulos oscuros durante el embarazo, especialmente en el último trimestre. A nivel espiritual, el vestíbulo representa el nacimiento de un nuevo aspecto del Yo.

Vestido

Como todos los sueños de ropa, también éste está ligado a la apariencia exterior.

Si el vestido se corresponde con la profesión que ejercemos, esto significa que tenemos un perfecto ajuste con nuestro desenvolvimiento social. En caso contrario, el sueño indica que no existe correspondencia entre lo que somos y lo que mostramos, o entre lo que somos y lo que deseamos.

Un vestido manchado o roto indica que hemos realizado algún acto que no se ajusta a nuestras convicciones.

Viaje, viajar

Desarrollo espiritual, búsqueda de la verdad y el progreso.

Los viajes pueden simbolizar tanto una experiencia iniciática como una transición entre una etapa y otra de nuestra vida. La mitología abunda en héroes que salen de viaje y que debido a los obstáculos que deben sortear en su transcurso y de las pruebas que deben superar, vuelven espiritualmente fortalecidos.

Un viaje por el mar simboliza la navegación por las aguas del inconsciente. A través de las montañas alude al intelecto, por el desierto remite al espíritu. En todos los casos, implica un cambio.

Cuando soñamos sólo con el punto de partida y el punto de destino, pero omitimos la travesía hecha para llegar hasta él, el sueño revela temor a efectuar un cambio profundo en nuestra vida.

Viento

En los sueños, el viento anuncia acontecimientos importantes y tiene tanto un sentido positivo como negativo. En su sentido positivo, su significado se asimila al de soplo divino, aliento vital. En su sentido negativo, el viento es una fuerza destructiva que no deja nada en pie.

Por la facilidad con que cambia, es considerado, además, como un símbolo de vanidad e inconstancia.

Soñar con viento por lo general constituye el augurio de grandes cambios a nivel económico, laboral o afectivo.

Vino

Vitalidad, verdad, la sangre de los dioses. Como sangre, el vino tiene un poder transformador. Ritualmente es ofrecido a las deidades como símbolo de conexión con la esfera de lo inconsciente.

Principio masculino, el sol (iluminación) y el fuego (purificación). En el cristianismo es la sangre de Cristo.

Violeta

Como flor es símbolo de la modestia. Como color está relacionado con la devoción religiosa, el conocimiento, la templanza y la vejez. Representa, además, el poder, la nostalgia y la memoria. Para el cristianismo, simboliza la verdad y el amor y representa la dignidad sacerdotal.

Volar

Los sueños en que volamos son comunes y usualmente simbolizan la inspiración y la habilidad para trascender la realidad ordinaria. La posibilidad de volar significa que no estamos limitados, que somos libres y que tenemos capacidad para hacer cambios.

Volar por nuestros propios medios tiene una significación de libertad más fuerte que la de volar en un avión o en un helicóptero. Los sueños mágicos en que volamos en autos con alas o en algún medio de transporte inverosímil expresan el deseo de encontrar soluciones mágicas para nuestros problemas.

Yate

Pasear en un yate en sueños pone en evidencia el deseo de huir de las preocupaciones y de alcanzar
un mayor bienestar material

Yugo

Símbolo de la disciplina, pero también de la
servidumbre. Para decidirse por uno de los dos sentidos es
necesario tener en cuenta el sentido total del sueño.

Yunque

En oposición al martillo que es el principio activo, el yunque es el principio pasivo.

En sueños el yunque es el reflejo de nuestra actitud pasiva ante la vida, de nuestra disposición a recibir
golpes sin oponer resistencia.

El yunque también puede ser considerado como un augurio de prosperidad y trabajo.

Z

Zafiro

Piedra celestial a la que se le atribuyen múltiples propiedades benéficas. Símbolo de la verdad y los valores del cielo y, por lo tanto, protección contra el demonio, las brujerías y las influencias negativas. El Papa Inocente III ordenó a los obispos que usaran zafiros para contrarrestar las influencias del demonio. Por su color azul, con ella pueden curarse todos los males causados por el verde y el rojo.

Zapatos

Dado que en la antigüedad los esclavos iban descalzos, los zapatos son fundamentalmente un símbolo de riqueza. En los sueños, indican el deseo de alcanzar alguna posesión material o espiritual. También son el símbolo de la marcha.

Zapatos sucios: revelan sentimientos de culpabilidad.

Andar sin zapatos: temor a vernos sometidos a otros, de ser "esclavos".

Calzarnos con zapatos nuevos: sentimiento de seguridad personal, autoconfianza.

Calzarnos con zapatos de niño: revela inmadurez, deseo de volver a la infancia.

Zorro

Astucia, malicia, engaños. En la Edad Media el zorro simbolizaba al demonio.

COMO ESTIMULAR,
RECOPILAR
E INTERPRETAR
LOS SUEÑOS

Los sueños son una proyección de nosotros mismos que tiene carácter funcional. Esto significa que las visiones que nos asaltan por la noche y que suelen resultarnos incomprensibles por la mañana, tienen una función precisa.

Trasladando este concepto a un lenguaje de nuestro tiempo, podría decirse que el sueño es una suerte de «vídeo clip» particular que producimos como **respuesta** a ciertos conflictos que no podemos representar ante nuestra conciencia de una manera clara y directa, sino sólo a través de una compleja metáfora. La «oscuridad» de la mayor parte de los sueños obedece al hecho de que la conciencia «filtra» o «reprime» los mensajes del inconsciente y sólo los deja llegar a ella de manera cifrada, es decir, metafórica.

Por ser el sueño, según Freud, la «vía regia» de acceso al inconsciente, tiene su misma lógica, la cual también puede ser equiparada con la lógica del vídeo clip: las nociones convencionales de espacio y tiempo quedan anuladas, una cosa puede ser ella misma y otra, y un detalle aparentemente insignificante suele ser el soporte de gran parte de la significación.

Para que "sirve" soñar

Los sueños tienen una utilidad que deriva de su carácter funcional. Soñamos **para algo** y, en consecuencia, soñar nos sirve.

En el caso de los sueños premonitorios, la función resulta obvia: alertarnos sobre la proximidad de un suceso determinado que puede modificar sustancialmente nuestra vida. En otros casos, en cambio, su función es menos explícita.

Freud ha hecho estudios de gran importancia sobre la utilidad de los sueños. Según él, su función fundamental es la **expresión y realización de deseos inconscientes reprimidos por la conciencia**. Sin embargo, esta afirmación no siempre puede confirmarse en un análisis superficial. Mientras en la mayor parte de los sueños infantiles resulta obvia, en los sueños adultos no lo es tanto y, con frecuencia, los deseos que el sueño realiza aparecen enmascarados, disimulados por su naturaleza metafórica.

Una niña de diecinueve meses -relata Freud para sustentar su teoría- es tenida a dieta durante todo el día, a causa de haber vomitado al levantarse, por haberle hecho daño, según declaró la niñera, unas fresas que había comido. En la noche de aquel día de abstinencia se le oye murmurar en sueños su nombre y añadir: «fresas, frambuesas, bollos, papilla». Sueña, pues, que está comiendo y hace resaltar en su «menú», precisamente, aquello que supone que le será negado por algún tiempo. Análogamente, sueña con una prohibida golosina un niño de veintidós meses que el día anterior había sido encargado de ofrecer a su tío un cestillo de cerezas, de las cuales, como es natural, sólo le habían dejado probar tres o cuatro. Al despertar exclama, regocijado: «Germán ha comido todas las cerezas». (...) Lo que de común tienen estos sueños infantiles -añade Freud- salta a la vista. Todos ellos realizan deseos estimulados durante el día y no cumplidos. Son simples y francas realizaciones de deseos.

También en los adultos se dan sueños de obvia realización de deseos y éstos tienen, en general, un contenido sencillo. Es común, por ejemplo, soñar que estamos bebiendo cuando tenemos sed. El sueño en este caso no sólo expresa y satisface nuestro deseo de beber, sino que, además, nos evita despertarnos a causa de la sed. Del mismo modo, en la noche anterior a un viaje, es frecuente soñar que ya hemos llegado al punto de destino. Freud llamó a este tipo de sueños «sueños de comodidad» por su obvia función práctica.

Pero con frecuencia, los sueños son complejos y se presentan a nuestra conciencia como incoherentes y carentes de sentido, aunque no lo son en absoluto. La confusión aparente es producto del «trabajo del sueño», que consiste, precisamente, en distorsionar los elementos según dos mecanismos precisos descritos por Freud: la **condensación** y el **desplazamiento.**

Por **condensación** debe entenderse el principio de economía del sueño, que hace que una sola imagen esté cargada de múltiples significaciones. Por ejemplo, una sola persona puede aludir en el sueño a varias personas distintas. Por **desplazamiento** debe entenderse el mecanismo por el cual un detalle aparentemente banal tiene una importancia relevante. Lo más claro del contenido del sueño aparece en primera instancia como lo más importante, sin embargo, el análisis más exhaustivo suele revelar que un elemento impreciso del sueño, representa la idea principal del mismo. Las significaciones ocultas en el sueño sólo es posible develarlas asociando libremente -sin dejar que la razón ejerza su censura- todo lo que el sueño nos sugiere.

El mecanismo por el cual el sueño realiza un deseo no siempre es claro y evidente. El mismo Freud relata el sueño de una paciente que invitaba a comer a una rival con la que se disputaba el amor de un hombre. ¿Qué deseo se realizaba en este sueño? La actitud amable del sueño de invitarla a comer contrastaba con su verdadero deseo en la vigilia, que era eliminarla de la escena, dejarla «fuera de combate». El análisis reveló que el sueño en apariencia amable cumplía en realidad ese objetivo. En efecto, el hombre cuyo amor se disputaban las dos mujeres era afecto a las figuras femeninas estilizadas y lánguidas. En consecuencia, invitar a comer exquisitos manjares a su rival era una forma de hacerle perder su esbeltez, cumpliendo así el deseo de eliminarla de la competencia.

La **realización** de deseos es, pues, una de las funciones fundamentales de los sueños y de ésta se deriva una no menos fundamental, la solución de conflictos que resultan irresolubles en la vigilia. Freud cita al respecto el caso de una niña que aún no había cumplido cuatro años y que había sido trasladada del campo a la ciudad, a consecuencia de una afección poliomelítica. La primera noche la pasó en la casa de una tía sin hijos y tuvo que dormir en una cama de persona mayor, que para ella resultaba enorme. A la mañana siguiente, contó haber soñado que **la cama en que dormía era demasiado pequeña, tan pequeña que apenas si cabía.** En el sueño no sólo realizó el deseo infantil tan común de ser grande, sino que, además, resolvió el problema que la apenaba: dormir en una cama tan grande, que ponía en evidencia su verdadera pequeñez y desvalimiento.

Pero los sueños no sólo constituyen un mecanismo compensatorio que nos permite realizar deseos y solucionar problemas que no podemos resolver en la vigilia. Además de ser una forma de **expresión,** son también una forma de **conocimiento y creación.** A través de los sueños nos conectamos con las profundidades de nuestro ser, resolvemos conflictos y podemos conocer algo de lo que nos depara el futuro.

En los sueños premonitorios, accedemos a una información de la que carecemos en estado de vigilia. En los sueños lúcidos somos capaces de crear nuestra propia escena onírica, y en los sueños «normales» podemos recibir la semilla de una obra de arte. Muchas fueron y continúan siendo las melodías, los relatos y las imágenes pictóricas que tuvieron su origen en un sueño.

El diario de los sueños

Como nuestros sueños brotan de nuestro aparato psíquico, nadie mejor que nosotros mismos para interpretarlos. Pero es necesario tener en cuenta que el lenguaje de los sueños es siempre **metafórico,** por lo que por lo general, aun cuando tenemos mucha práctica en el análisis, se impone un trabajo de **interpretación.** Los contenidos profundos de los sueños, su verdadero significado, no siempre se nos revelan en un primer análisis. Es necesario saber **interrogar** al sueño, descubrir la lógica que subyace al caos aparente, para develar el misterio que esconde. Los sueños, una vez desmontado su mecanismo de producción, se muestran como creaciones lógicas y racionales que tienen una función precisa.

El lenguaje metafórico de los sueños proviene de dos vertientes muy distintas: de las simbologías que forman parte del inconsciente colectivo, (ya abordadas en este libro y rastreables a través del **Diccionario de Símbolos Oníricos**, y de elaboraciones personales e íntimas, cuyos mecanismos de producción fundamentales son, como dijimos más arriba, la condensación el desplazamiento.

Un ejemplo puede servir para aclarar este concepto. Las serpientes constituyen un motivo común en los sueños que en nuestro diccionario hemos definido como **seres mágicos y místicos, símbolos universales de la renovación** que, por sus obvias connotaciones fálicas, están asociadas con el embarazo, estado que constituye en sí mismo un proceso de transformación. Este sentido general no excluye una interpretación personal, sino que la complementa y enriquece. Ana, una mujer de 50 años que había sido criada en el campo, soñaba con frecuencia con serpientes. Estas no sólo no le producían repugnancia ni inquietud, sino que en los sueños aparecían acompañadas de sensaciones gratas y al levantarse, después de haber soñado con ellas, sentía una gran tranquilidad de espíritu. Las serpientes eran para ella seres amigables, con los que se había familiarizado desde niña y que en su simbología personal representaban la feliz infancia campesina que tanto añoraba. Para interpretar correctamente este motivo onírico en sus sueños, por lo tanto, era necesario tomar en cuenta tanto el significado atribuido culturalmente a los reptiles como el que Ana les había conferido por cuenta propia. El cruce de ambas significaciones daba como consecuencia un nuevo sentido: en sus sueños las serpientes aludían a cambios, pero estos cambios tenían siempre carácter positivo. No la alejaban de lo que era, sino que le permitían ser más ella misma, es decir, acercarse a esa niña campesina que jugaba con serpientes.

En este sentido, los motivos oníricos podrían ser equiparados con las cartas del Tarot: no sólo hay que tener en cuenta el valor intrínseco de una carta, sino también el que le otorga la carta que la precede y la que la sigue.

Algunos consejos de fácil realización le permitirán enriquecer su producciones oníricas, interpretarlas y convertirlas en una magnífica fuente de conocimiento.

• El período que media entre la vigilia y el sueño es el más propicio para influir en nuestro inconsciente. Por eso, cuando sienta que se está quedando dormido, concéntrese imaginando que se levantara a la mañana siguiente, recordará lo soñado. Para que el mensaje sea recordado por el inconsciente debe ser claro, directo y positivo. No diga *«no olvidaré mis sueños»*, sino *«recordaré mis sueños»*.

• El período que media entre el sueño y el despertar es muy importante para «rescatar» los sueños del olvido. Como el inconsciente aún no ha tenido tiempo de ejercer su censura, es posible recordar con nitidez. Haga un esfuerzo por repasar en ese momento lo que soñó durante la noche. Las primeras imágenes que vislumbrará serán las del último período del sueño, y a partir de ellas deberá recuperar todas las demás.Cuando no recuerde nada más, cambie de posición. Posiblemente, aparecerá algún nuevo recuerdo. Este período en el que estará particularmente relajado y receptivo dura aproximadamente unos 15 minutos. Si no está seguro de recordar lo soñado después de haberse levantado, regístrelo inmediatamente en una cinta.

• Para analizar los sueños lo más productivo es reunirlos en series. De esta forma, es fácil deducir cuáles son los símbolos personales que utilizamos para soñar. Por eso, utilice nuestra Planilla Semanal de Registro de Sueños (Planilla Nº1, página 208). Cada día al levantarse consigne en ella todo lo que sea pertinente. La distribución de la información que aparece en la planilla le permitirá reunir fácilmente sus sueños en series y comprender a fondo la simbología particular de sus producciones oníricas. Fotocopie la planilla semanal y llene cada casillero. Coloque la fecha y póngale al sueño un título que lo identifique.

• Una vez que tenga un buen «corpus» -o grupo- de sueños, comience a analizarlos. Puede realizar una suerte de resumen empleando la Planilla de Resumen Mensual (Planilla Nº2, página 210). Tenga en cuenta que un sueño se compone de símbolos universales y personales. Para descifrar los primeros podrá valerse de los arquetipos consignados más arriba y del diccionario, pero para entender los segundos deberá seguir un camino más complejo.

• Si un sueño no despierta en usted una emoción muy intensa y significativa, interprételo de manera literal. Seguramente, se tratará de una transcripción fantasiosa de sus vivencias. Si, en cambio, el sueño le ha producido una emoción intensa, deberá hacer de él una interpretación simbólica.

• Tal como lo aconseja Freud, no parta de ninguna interpretación «a priori». Deje que sea el propio sueño el que termine revelándole su significado.

•Si le resulta imposible comprender un sueño, no fuerce la interpretación. Intégrelo en una serie más amplia de sueños y es posible que adquiera así un significado claro. A veces, los mismos sueños son «traducidos» por diferentes imágenes en noches sucesivas.

• Preste mucha atención a los sueños recurrentes, es decir a aquellos que se repiten una y otra vez. Es posible que contengan algún mensaje urgente.

• Tenga en cuenta que cada símbolo del sueño puede ser analizado en relación con diferentes niveles de nuestra personalidad: físico, emocional y espiritual. Un sueño adquirirá en cada nivel un significado distinto, siendo imposible determinar a priori cuál será el más importante.

Como incubar sueños para solucionar problemas

La conocida frase voy a consultar el problema con la almohada no es gratuita, sino que tiene su razón de ser. Algunas veces, cuando tenemos un problema encontramos en el sueño la solución que no pudimos hallar durante la vigilia.

Por supuesto, esto no sucede con la frecuencia que quisiéramos. Sin embargo, utilizando el método adecuado, podemos «crear», «incubar» nuestros propios sueños para solucionar problemas específicos. El inconsciente es un riquísimo depósito de saber del que muchas veces no podemos echar mano, debido a las restricciones que nos impone la conciencia. El trabajo de "incubación" consiste, precisamente, en estimular nuestro inconsciente para que potencie sus fuerzas y logre sortear las barreras de la represión, proporcionándonos así la información que necesitamos. Dicho trabajo consta de diferentes pasos:

1 - **Seleccione adecuadamente el problema que quiere resolver.** Un sueño no sirve para resolver problemas triviales ni para responder a preguntas tales

como ¿qué vestido me conviene llevar a la fiesta? Tenga en cuenta que nuestro inconsciente es el depósito de nuestras emociones y vivencias profundas y que, por lo tanto, sólo los problemas profundos pueden encontrar en él una respuesta. Piense, además, que el sueño no le dará una «receta», sino que más bien le mostrará un camino.

Por otra parte, antes de plantear un tema de incubación debe ser lo suficientemente honesto con usted mismo como para contestarse con sinceridad si está dispuesto a indagar en el tema que propone. Si no es así, lo más probable es que olvide muy pronto lo soñado y que el sueño incubado no le brinde ningún provecho.

2- Elija el momento indicado. Para incubar sueños es necesario estar descansado, relajado y no haber ingerido ningún tipo de droga o tranquilizante. Si ha tenido un día demasiado intenso emocionalmente o muy cargado de trabajo, es mejor que postergue la incubación para una mejor oportunidad.

3- Ponga por escrito sus inquietudes. Recurra a la Planilla de Incubación de Sueños (Planilla Nº3, página 211) y llene cada uno de sus casilleros.

4- Formule una pregunta concreta. Consigne en el casillero correspondiente la pregunta que quiere que el sueño le responda. Por ejemplo, *¿qué es lo que sucede en mi relación de pareja? ¿Por qué temo tanto la opinión de los otros? ¿Por qué el futuro me produce incertidumbre?*

5- Concéntrese en la pregunta. Coloque su planilla de incubación junto a la cama, apague la luz, cierre los ojos y concéntrese en la pregunta que ha formulado. Repítala en voz baja una y otra vez sin cambiar una sola palabra. Trate de liberarse de todos los pensamientos que lo distraigan y concéntrese sólo en la frase que está repitiendo. Esta debe ocupar todos sus pensamientos en el momento en que le llegue el sueño.

6- Deje la solución del problema en manos

del sueño. Si ha llevado a cabo correctamente cada uno de los pasos anteriores, es muy probable que su sueño se produzca la misma noche en que usted decide incubarlo. Los efectos del sueño pueden ser diversos. A través de él usted puede vislumbrar una nueva forma de plantear el problema que no se le había ocurrido nunca. También, puede percibir soluciones alternativas en las que no había pensado. Pero el beneficio puede presentarse bajo la forma del alivio. Luego del sueño usted puede sentirse más liviano, como si se hubiera liberado de la carga de angustia que le producía el problema, aunque no pueda aportar ninguna solución concreta para resolverlo. Esto significa que durante el sueño pudo reelaborarlo de una manera diferente, aunque no pueda recordar cuál es.

7 - **Registre el sueño.** Recurra a la Planilla Semanal de Recopilación de Sueños y consigne allí todos los datos relevantes.

Al igual que sucede con los sueños lúcidos, en que tenemos conciencia de estar soñando, durante los sueños incubados solemos tener conciencia de estar recibiendo la respuesta que buscábamos. Clara hizo un entrenamiento para incubar sueños. Se veía en una disyuntiva existencial importante. Debía elegir una carrera universitaria y no sabía si optar por aquella que respondía a su vocación, es decir por Letras, o por la que le aconsejaban sus padres, Empresariales. Incubó un sueño para saber la respuesta. Su pregunta fue *¿Debo satisfacer la vocación o el sentido práctico?* y lo que soñó fue lo siguiente:

Veo un cheque con una importante suma de dinero que significa la tranquilidad económica, pero veo también un libro e inmediatamente me siento feliz. En el sueño «entiendo» que mi felicidad es más importante que la tranquilidad económica y que debo seguir la carrera que me permita ser más feliz.

Al despertarse, Clara comprendió que el sueño la inducía a cursar una carrera de Letras y esta certeza fue acompañada por una gran sensación de alivio.

Como incrementar el conocimiento del futuro a traves de los sueños

Muchas personas se niegan a conocer su futuro porque temen los sucesos malos que éste pueda depararles. Sin embargo, conociendo de antemano ciertos acontecimientos indeseables, es mucho lo que podemos hacer para evitarlos.

Lo más temido es el anuncio de nuestra propia muerte. Sin embargo, los sueños en que nos vemos muertos rara vez tienen un significado literal. Como ya lo hemos dicho, la mayor parte de las veces indican que en nuestra vida se producirá un cambio muy profundo. Los casos en que alguien intuye su propia muerte a través de un sueño son contados. Uno de ellos es el de Abraham Lincoln, presidente de los Estados Unidos, que dos días antes de ser asesinado soñó que veía mucha gente apesadumbrada velando a alguien y ese alguien era nada menos que el Presidente de la Nación, es decir, él mismo. Muy posiblemente, si hubiera tomado en cuenta su propia producción onírica, podría haber evitado su muerte.

Los sueños constituyen un magnífico modo de conocer el futuro y, en este sentido, nos prestan también un servicio muy útil. El método de incubación resulta adecuado para hacer preguntas referidas a sucesos del porvenir, pero existen además ejercicios específicos que tienden a agudizar nuestras percepción de hechos venideros. Realizados con constancia, estos ejercicios dan excelentes resultados. Practíquelos y recoja los resultados en la Planilla N° 4 (página 212).

Ejercicio N° 1
Tome una moneda, concéntrese en lo que está haciendo y tírela treinta veces. En cada caso anote previamente cuál de las dos caras cree que saldrá. Una vez

terminado el ejercicio coteje sus previsiones con los resultados. Contabilice cuántas veces acertó y póngalo por escrito. Repita este ejercicio dos veces por día durante dos semanas. Se sorprenderá de sus progresos.

Ejercicio N° 2
Escriba cada letra del alfabeto en un trozo de papel, dóblelo y colóquelo en una caja. Mezcle bien, saque un papel y antes de abrirlo indique cuál letra cree que ha extraído. Anote en la planilla su previsión y los resultados. Repita la operación con cada letra del alfabeto. Haga este ejercicio una vez al día durante dos semanas.

Ejercicio N° 3
Escoja un tema del futuro sobre el que quiera obtener una respuesta. A continuación escriba en una hoja de papel cincuenta veces su deseo, por ejemplo: *Quiero saber qué desenlace tendrá mi relación con X. Esta noche soñaré con el desenlace de mi relación con X.*

Repita el ejercicio antes de dormir cada vez que quiera saber algo de su futuro, pero cuando lo haga concéntrese en lo que está realizando y evite cualquier tipo de preocupación que no esté relacionada con lo que quiere lograr.

Nuestros sueños son creaciones propias, verdaderas «obras de arte» construidas a partir de nuestros temores, nuestras esperanzas, nuestros conflictos y nuestras incertidumbres. A través de ellos podemos comprender mejor los diferentes aspectos de nuestra vida. Este libro es una invitación para que se atreva a explorar ese territorio fascinante y desconocido que es el mundo onírico y extraiga de él toda su riqueza. Descubrirá, así, que la vida está «representada», "dramatizada" en sus sueños, y que quizás, como dijo un poeta, la vida misma sea un sueño.

1-PLANILLA SEMANAL DE

	LUNES	MARTES	MIERCOLES
ARGUMENTO DEL SUEÑO			
RELACION CON LOS SUCESOS DEL DIA			
DETALLES SIGNIFICATIVOS			
BLANCO Y NEGRO/ COLOR			
SENSACION QUE ACOMPAÑABA AL SUEÑO			
SENSACION AL LEVANTARSE			
¿SE TRATABA DE UN SUEÑO RECURRENTE?			
¿SE TRATABA DE UN SUEÑO LUCIDO?			
¿SE TRATABA DE UN SUEÑO PREMONITORIO?			
ARQUETIPOS ONIRICOS			
SIMBOLOGIA ALQUIMICA			
ASOCIACIONES INMEDIATAS QUE PRODUJO EL SUEÑO			
INTERPRETACION PERSONAL			
OBSERVACIONES			

RECOPILACION DE SUEÑOS

JUEVES	VIERNES	SABADO	DOMINGO

2 - PLANILLA DE RESUMEN MENSUAL

CANTIDAD DE SUEÑOS	SIMBOLOGIA PREPONDERANTE	SIMBOLOGIAS PERSONALES	SENSACIONES

3 - PLANILLA DE INCUBACION DE SUEÑOS

PROBLEMA	SENTIMIENTOS QUE GENERA	SOLUCIONES POSIBLES	¿QUE PASARIA SI EL PROBLEMA SE RESOLVIERA?	¿QUE PASARIA SI NO SE RESOLVIERA?

4 - P L A N I L L A   D

Prueba Nº	EJERCICIO 1	EJERCICIO 2
1		
2		
3		
4		
5		
6		
7		
8		
9		
10		
11		
12		
13		
14		
15		
16		
17		
18		
19		
20		
21		
22		
23		
24		
25		
26		
27		
28		
29		
30		

EJERCICIO 3	EJERCICIO 4

CAPÍTULO

9

UTILICE
LOS SUEÑOS PARA
GANAR EN LOS
JUEGOS DE AZAR

**Con los números de la suerte y la tabla
cabalística mensual**

Cómo explicar que algunas personas tienen más suerte que otras en los juegos de azar? ¿Se trata simplemente de una casualidad o tal vez estos seres han logrado conectarse mejor que otros con la vibración cósmica que los circunda? ¿A qué se refieren los apostadores cuando hablan de una súbita «intuición» que les permite conocer el número ganador? ¿Existe algún secreto para anticiparse a la cifra triunfadora?

Sus sueños pueden ayudarlo -y mucho- a desarrollar la intuición y a emplearla para ganar en los juegos de azar. Si usted ha seguido al pie de la letra los consejos de este libro, sabe cómo analizar, recopilar e interpretar sus sueños. Es capaz de detectar qué imágenes se repiten sistemáticamente y, consultando el **Diccionario de Símbolos Oníricos,** establecer su simbolismo.

En las últimas páginas de este capítulo presentamos una lista de los objetos que aparecen con mayor frecuencia en sueños, junto con su número vibratorio. Si, después de recopilar e interpretar sus sueños, concluye que existen en ellos imágenes recurrentes, usted puede apostar directamente a los números correspondientes a esas imágenes. También puede combinar estas cifras con su número personal y la vibración energética de la fecha en la cual se realiza la apuesta. Si opta por este último método, proceda del siguiente modo.

1- Calcule su número vibratorio personal
Según afirma la numerología, todos los meses nuestro número energético personal se modifica. Esto se debe a que nuestra cifra identificatoria se combina con la del año y la del mes en curso. Para averiguar el suyo, sume los números que componen su fecha de nacimiento; sume primero el día y el mes hasta obtener un número entero, luego agregue a esa cifra la resultante de las cifras que componen el número del año. Si el resultado es mayor a 22, sume nuevamente hasta obtener un número en-

tero más pequeño.

Ejemplo:
- Fecha de nacimiento: 13 de junio de 1966
- 13 (día) + 6 (mes) = 19
- 1966 (año) = 22
- 19 + 22 = 41
- 4 + 1 = 5

En este caso, el número vibratorio personal es el 5.

2- Calcule el número vibratorio del país en el que vive, el año y el mes en curso.

El número del país se calcula sumando los números correspondientes a la fecha de su nacimiento. En el caso de España, país que pondremos como ejemplo, podríamos tomar como fecha de nacimiento el 2 de mayo de 1808, fecha que marca el inicio de la guerra de la Independencia.

- 2 + 5 + 1808 = 24
- 2 + 4 = 6

El número vibratorio de nuestro país sería el **6.**

Para conocer el número de vibración que España tiene en 1996, se suma su número clave al año.

- 1 + 9 + 9 + 6 = 25
- 2 + 5 = 7
- 7 (el número del año) + 6 (el del país) = 13

Como el 13 es la vibración general del año, para averiguar la vibración mensual se le sumará a 13 la cifra del mes en curso que corresponde al número de orden que ese mes ocupa en el año. Por ejemplo, para septiembre, -el noveno mes- la cifra correspondiente es el 9. El número final debe ser de un dígito, es decir, que debe estar entre el 1 y el 9.

Ejemplo para el mes de septiembre de 1996 en España
- 13 + 9 = 22

• 2 + 2 = 4

3- Sume el número correspondiente al país, el año y el mes a su número vibratorio personal.
Así obtendrá la cifra de la suerte personalizada, que también deberá ser de un dígito.

Si volvemos a nuestro ejemplo,
el de una persona nacida el 13 de junio de 1966 cuya vibración era el 5,
en septiembre de 1996 su cifra será el 9.
• 5 (vibración personal) + 4 (septiembre de 1996 en España)= **9**

4- Sume la cifra resultante al número correspondiente al sueño. Consulte para ello la lista que figura al final de este capítulo. Luego, sume las cifras del resultado hasta obtener un número de un solo dígito.

Ejemplo:
. Número vibratorio personal: 5
. Numero de España en septiembre 1996: 9
. Sueño con gafas: 95
. 5 + 9 + 95 = 109
. 1 + 0 + 9 = 10
. 1 + 0 = 1
. En este caso, el número
vibratorio mensual es el 1.

5- Consulte la Tabla Cabalística del Mes.
En la tabla cabalística usted deberá buscar la cifra a la cual le conviene apostar cada día del mes. Para consultar la tabla, busque en la columna vertical el día del mes en el cual efectuará su apuesta y en la horizontal su cifra vibratoria mensual, que debe estar comprendida entre el 1 y el 9. Así hallará su número de la suerte para cada día.

Tabla cabalística del mes

	1	2	3	4	5	6	7	8	9
1	51	29	71	96	09	87	47	24	15
2	82	01	39	90	32	73	86	13	98
3	05	83	42	66	21	40	57	99	48
4	92	63	37	94	11	25	58	80	33
5	02	68	56	31	72	28	04	17	26
6	10	59	91	85	50	19	08	69	34
7	16	81	49	38	27	30	46	55	20
8	12	84	93	16	14	06	62	18	95
9	22	03	79	45	36	94	19	35	76
10	70	95	74	53	89	97	49	32	26
11	20	88	41	64	07	46	75	11	67
12	39	83	13	38	82	34	50	25	71
13	60	23	18	61	22	87	24	16	91
14	47	52	44	78	09	92	35	17	29
15	72	90	21	10	73	55	84	20	52
16	81	77	54	43	37	12	05	56	67
17	03	48	96	51	07	95	40	14	02
18	27	42	63	80	23	01	69	98	86
19	04	70	41	53	74	61	57	99	02
20	59	67	28	65	60	15	31	43	68
21	79	97	38	60	23	58	06	33	62
22	36	85	21	93	08	17	54	32	75
23	27	66	91	64	13	46	77	65	80
24	71	29	12	47	69	22	08	70	89
25	51	04	30	56	82	15	48	36	25
26	11	45	61	39	10	24	58	37	83
27	94	19	01	57	26	05	72	59	28
28	95	50	18	02	68	49	75	81	06
29	35	92	03	74	90	41	64	16	09
30	07	14	62	76	84	89	52	09	63
31	28	93	34	96	35	20	73	40	99

LOS SUEÑOS Y SU NUMERO VIBRATORIO

A
Agua 01 -Abanico 15 -Abejas 81 -Abuelos 11 -Acantilado 56 -Ahogado 58 -Anillo 16 -Anteojos 95 -Armas 07

B
Balcón 43 -Bandera 12 -Barco 53 -Barro 18 -Besos

75 -Bosque 81 -Buey 54

C

Caballo 24 -Cabeza 34 -Cadenas 37 -Caída 56 -Cama 04 -Caminos 26 -Cárcel 44 -Carne 49 -Casamiento 63 -Cementerio 94 -Cerro 28 -Cielo 03 -Cocinero 23 -Cristo 33 -Cura 40 -Cuchillo 41

D

Desgracia 17 -Diamante 16 -Dientes 34 -Dinero 32 -

E

Embriaguez 14 -Enamorado 93 -Entierro 59 -Escoba 17 -Escopeta 61 Estatua 57 -Excremento 71 -Excusado 91

F

Fantasma 63 -Fiesta 40 -Flores 81 -Frontera 41 -Fuego 76

G

Gallina 25 -Garganta 75 -Gato 05 -Gente negra 74 -Golondrina 35

H

Hermano 99 -Hormigas 38 -Hospital 73 -Huevos 00 -Humo 86

I

Iglesia 84 -Imágenes de santos 03 -Incendio 08 -Incienso 93 -Inundación 62

J

Jaula 21 -Jorobado 57 -Joyas 32

L

Laberinto 86 -Ladrón 79 -Libros 88 -Licor 14 -Linterna 85 -Loco 22 -Lombrices 66 -Luz 31

LL

Llamas 76 -Llanto 64 -Llave 39 -Lluvia 39

M

Madera 50 -Madre 52 -Mala suerte 13 -Mal tiempo 83 -Marido 96 -Manzana 69 -Médico 92 -Mesa 97 -Miedo 90 -Misa 26 -Mordida 67 -Muerto 47 -Muerto que habla 48 -Mujer 21 -Música 55

N

Nido 04 -Niño 02 -Niña bonita 15 -Nueces 28

O

Ojos 60 -Orinar 71

P

Paloma 29 -Pájaro 35 -Pan 50 -Papa 88 -Peces 19 -Peine 27 -Pelea 82 -Pelota 80 -Persona que muere en el sueño 70 -Perro 06 -Piedras 38 -Piernas de mujer 77 -Piojos 87 -Plantas 59 -Pozo 17

Q

Quimono 09

R

Ramera 78 -Ratas 89 -Rayo 31 -Reptiles 89

S

Sal 30 -Sangre 18 -San Pedro 29 -Seda 77 -Serrucho 51 - Sirenas 19- Sobrino 68 -Soldado 12 -Sorpresa 12

T

Tejer 80 -Tijeras 47 -Tomates 46

U

Uvas 99

V

Vaca 54 -Vampiro 67 -Vela 85 -Vestimenta 52 -Vicios 69 -Vino 45- virgen 60

Z

Zapato 42 -Zapatillas 42 -Zorro 05

I N D I C E

TÍTULOS DE ESTA COLECCIÓN

Impreso en los talleres de
Trabajos Manuales Escolares,
Oriente 142 No. 216
Col. Moctezuma 2a. Secc.
Tels. 5 784.18.11 y 5 784.11.44
México, D.F.